EL MAR

LA ESTRELLA
DEL CAPITAN CHIMISTA

Cubierta de Ricardo Baroja

Edición conmemorativa del centenario
del nacimiento de Pío Baroja

Cubierta de Ricardo Baroja

Es propiedad. Derechos reservados

© Herederos de Pío Baroja

Edita y distribuye: CARO RAGGIO, EDITOR
Alfonso XII, 50. Tel. 230 68 51. Madrid-14

ISBN: 84-7035-037-4
Depósito legal: M. 20.386-1974

Imprime: Ediciones Castilla, S. A.
Maestro Alonso, 21. Madrid-28

PIO BAROJA

LA ESTRELLA DEL CAPITAN CHIMISTA

Editorial
Caro Raggio
Madrid

PROLOGO

Nuestro amigo Cincúnegui puso, a manera de prólogo de la segunda parte de su libro, dos cartas: una, de un profesor alemán, y la otra, suya. La carta del profesor la pensó, sin duda, insertar como muestra de extravagancia, y su respuesta como prueba de buen sentido y de discreción.

Nosotros, más partidarios de la insensatez que de la vacuidad, publicamos la primera y dejamos en el tintero la segunda, con sus distingos y sus sin embargo.

La carta del profesor germano dice así:

«Iciar, julio 1907.

Querido señor Cincúnegui: He leído su manuscrito, hecho a base de un Diario de Navegación, en el que se narra con sencillez la vida de dos marinos vascos: los capitanes Chimista y Embil.

He seguido con interés las aventuras de sus personajes, porque no soy de los vascófilos que se ocupan únicamente del pretérito perfecto y del participio pasivo en la vetusta lengua del padre Aitor.

Los dos tipos de su obra están bien: el uno es un jefe que sabe mandar; el otro, un escudero fiel, de la raza de los hombres leales, de confianza, que antes abundaban en mi país, en Alemania, y que ahora, al parecer, van escaseando gracias al predominio de los comerciantes y de los judíos.

A su historia, mi querido señor Cincúnegui, le falta una explicación filosófica y antropológica; una teoría o, por lo menos, una hipótesis. Es posible que este postulado, esta ansia de teorías y de hipótesis, le parezca una manifestación de pedantería germánica.

¿Sabe usted, amigo Cincúnegui, que para nuestro antropólogo, Houston Stewart Chamberlain, el carácter arrebatado y fantástico del vasco depende, en parte, de pertenecer a un pueblo que va siendo absorbido y tragado por los de alrededor? ¿Qué le parece a usted esta teoría? Quizá pedantesca, quizá sin base de hechos. Pero ¡qué quiere usted! Nosotros, los alemanes, somos, principalmente, fabricantes de teorías.

Volviendo a nuestro tema.

¿Cuál es la razón de la existencia de hombres como sus dos marinos en el medio ambiente del siglo XIX, monótono, colectivo y gris? ¿Qué razón hay para que salgan tipos así, exaltados, entre la masa del hombre corriente, vulgar, rapado y plano? ¿Por qué estas desigualdades tan profundas? ¿Es una diferencia de longitud en los cráneos, como han creído hace años algunos antropólogos alemanes? ¿Es una diferencia producida por un sistema mixto de cultura y de raza como suponía Gobineau? ¿Es una cuestión económica? Nadie lo sabe.

Si vuelve a ponerse nuevamente ese problema antropológico del valor de las distintas clases de hombres para la cultura y para la moral, habrá que buscar las características de los antiguos tipos prehistóricos por una parte, y por otra, insistir en las mutaciones bruscas de Hugo de Vries y en los cambios de la herencia de Mendel, cuyo secreto debe estar en los filamentos de cromatina y en los cromosomas.

Dejando la cuestión de génesis, hoy por hoy oscura, hay que reconocer que en todos los pueblos, aun en los más pequeños, como en el vasco, no hay homogeneidad ni en el tipo físico ni en el espiritual, y que se dan marcadas diferencias de hombres, no explicadas ni por el ambiente ni por la raza; el hombre estático y el dinámico, el paisano o villano y el cimarrón o montaraz, el colectivista y el individualista, el hombre del *ghetto* y el de la soledad.

Yo, mi querido señor Cincúnegui, agruparía los vascos de una manera arbitraria, en dos clases: los hijos de Urtzi y los de Jaungoicoa.

Urtzi, en su origen el firmamento, el círculo celeste Varuna y Urano, se hace un héroe de sangre caliente, y lleva a su lado a los dionisíacos y a los violentos. Jaungoicoa, el dios más moderno y extranjero, probablemente traducción del semítico Jehová, va rodeado de gente práctica y discreta.

El uno, bárbaro, pánico, sin más altar que la naturaleza, juega con el azar y con el rayo; el otro, jesuítico, con un templo excesivamente adornado de cartón y de purpurina, perfumado con polvos de arroz y agua de rosas, lleva sus cuentas por partida doble en el libro mayor.

Urtzi, como Thor, dios tonante, armado de un martillo, defensor de la vida difícil, da su lección de individualismo y de audacia. Jaungoicoa, rey de la villa, de la ciudad, del *ghetto* apretado, propone en su pueblo las normas del casillero ciudadano y socialista, según las fórmulas del judío Karl Marx y del no menos judío Jehová.

Se pueden catalogar entre los amigos de Urtzi a casi todos los vascos que han hecho algo en la tierra y en el mar con su energía y sus arrestos; entre los sectarios de Jaungoicoa, a todos los que viven a gusto en las ciudades de empleos y de pequeños negocios y que tienen en la puerta de su casa una placa del Sagrado Corazón de Jesús. Los amigos de Urtzi, los marinos, los guerrilleros, los ferrones, la gente exaltada, esperan todo de sí mismos. Los amigos de Jaungoicoa, los clérigos, los burgueses, los abogados, los notarios, los tenderos y los prestamistas, esperan más de las leyes que de su brío.

Quizá no esté usted completamente de acuerdo con mi teoría, querido señor Cincúnegui; pero, aunque así sea y aunque tengamos divergencias científicas, si es que esto se puede llamar científico, ya sabe usted que los dos podemos fraternizar ante una mesa bien abastecida del Guezurrechape de Cay Luce, o de la taberna del Telescopio resplandezca en lontananza el Lábaro cristiano o el tetragrammaton del dios Thor.

Con un recuerdo afectuoso de su amigo.

Hermann Schwarzenacker.»

La carta de Cincúnegui es menos curiosa y explícita; en ella nuestro historiador no hace más que repetir la frase de que es amigo de Platón pero más amigo de la verdad, que es católico y liberal y liberal y católico, y esto lo dice de varias maneras y en distintos tonos y con ringorrangos literarios, ya un poco viejos y pasados de moda.

PRIMERA PARTE

EN LA HABANA

I

DE ALMACENISTA

En La Habana comencé mis ensayos de comerciante, y tomé en traspaso un pequeño almacén de azúcar a un montañés.

—A mí me ha dado lo suficiente para vivir —me dijo él.

Yo esperaba que a mí me pasara igual. No sabía yo las dificultades de aquel negocio. Como muchos de La Habana, estaba hecho a base de chanchullo y de trampa.

El español, y en general el latino, pudre en seguida el medio social que crea. La justicia con él deja de ser justicia. La ley no alcanza más que a muy pocos y todo se hace por recomendación, por habilidad y por influencias.

Yo no conocía la intriga y la mala fe del comerciante criollo, gente pérfida, sin palabra, con un espíritu filibustero, retorcido, de traición. Todo el cubano y la mayoría de los americanos tienen este mismo espíritu. El hijo del español, y el mismo español, lo adquiría también en seguida de llegar a Cuba, sin motivo, por una especie de fermentación pútrida, maligna, de su carácter.

A españoles pobres, recién llegados a desempeñar oficios modestos, los criollos los encontraban orgullosos y les llamaban en broma el señor marqués o el señor conde. Los gallegos o asturianos, al poco tiempo de vivir en Cuba tenían idéntico odio a los españoles. Se sospechaba si tal odio sería manifestación de sentimiento, de justicia; pero no había tal: la razón era el orgullo de la gente acomodada a vivir en un país rico, plebeyo y sin historia, y llegada de un país pobre, aristocrático y con historia.

Los cubanos querían hacer creer que odiaban a los españoles, porque mandábamos allí como déspotas.

Analizando el despotismo cubano se hubiese podido comprobar que este despotismo existía tanto o más a beneficio de los criollos que de los españoles. Lo mismo nos hubieran odiado los criollos si hubiésemos mandado con un espíritu evangélico; nos odiarían siempre como el mulato rico odia al blanco pobre.

Este espíritu filibustero, de reserva y de traición, existía en el criollo, conviviera con el francés o con el alemán; pero siempre más con el español. El criollo, si podía, engañaba por instinto; tenía una perfidia de aire femenino. Muchos creían que las colonias americanas, aun separadas de España, iban a seguir siendo españolas de corazón. Yo pensaba, por lo que había oído a unos y a otros, que los americanos, y sobre todo los cubanos, no odiaban al Gobierno de Fernando VII o de Isabel II por arbitrario o despótico, sino por español.

Constantemente comprobé este odio y pensé que seguiría tras de la Independencia y mientras se hablara el castellano en América. Era la antipatía del plebeyo, por el que por suerte o por mérito ha sido algo un momento en la vida.

Entre los almacenistas de azúcar que vivían en mi barrio, había un asturiano, Don Pancho, que se relacionó conmigo.

Este Don Pancho, ya medio retirado del comercio, se dedicaba a fumar, a pasear, a ir a los toros y a presenciar las riñas de gallos. Todos los días estaba en la gallera, apostando.

Solía ir a las gallerías donde se criaban, con grandes cuidados, gallos de pelea, y estaba siempre hablando de los gallos ingleses, de los panameños y de los quiquiritos, o gallos de Norteamérica.

Don Pancho era un señor de cincuenta a sesenta años, pesado, grueso, pelo cano, los ojos negros, la cara atezada, el bigote grande y un movimiento al andar como de barco. A pesar de llevar cuarenta años en Cuba, se le conocía en el acento que era asturiano o gallego.

Don Pancho se hizo amigo mío, y solíamos discutir como discutían siempre españoles recién llegados y cubanos. La hostilidad contra los españoles era manifiesta. Don Pancho quería hacerme creer que la enemiga dependía del mal gobierno. Yo le argumentaba y le intentaba demostrar que no había tal.

Indudablemente, el español, que tiene algunas buenas cualidades entre muchos defectos, pierde las primeras en los países tropicales y se hace un producto poco apreciable. Chimista decía, con su manera de afirmar categórica, que América no servía para la raza blanca.

Poco después de comenzar mi amistad con Don Pancho, éste me llevó a su casa y me presentó a su hija y al dependiente principal, que llevaba el cargo del almacén. En casa de Don Pancho se vivía al estilo del país.

En La Habana, en aquel tiempo, no había más que casas de dos pisos, con grandes miradores, en el fondo de las cuales se veía a la gente de la familia en la mecedora. En casi todas ellas, la volanta esperaba en la calle con un negro sentado en el caballo, a veces con librea de postillón.

En el piso bajo de estas casas había, con frecuencia, un comercio o un almacén, algunas habitaciones, y en el principal las alcobas. Todo estaba dispuesto para una vida perezosa, sensual y cómoda.

Como Don Pancho vivía cerca y tenía el mismo comercio que yo, tomé la costumbre de ir a su casa.

Panchita, la hija de Don Pancho, era una mujer de cerca de treinta años; no muy inteligente y muy vanidosa.

La mujer española, al menos la que yo he conocido, es ignorante y, con frecuencia, estúpida; pero cuando une a eso el carácter remilgado y redicho de las criollas, se convierte en algo insoportable. Quizá hable en mí el despechado; pero así lo creo.

Tres o cuatro meses después de establecerme en La Habana llegó Chimista de Charleston, vio mi almacén y le llevé a casa de Don Pancho. Habló con Panchita, y al volver a casa me dijo que aquella muchacha era vanidosa y necia como un pavo real.

—Ha unido la salud de una asturiana con la estupidez y el amaneramiento de la criolla.

Chimista comenzaba a tener antipatía por Panchita; decía que era una mezcla de vaca y de pavo, y a lo último comenzó a llamarla la Vaca-pavo, como si existiera un animal con este nombre compuesto.

Panchita tenía una amiga, hija de un tabaquero rico, muy guapa, muy orgullosa de su figura y de su cabellera rubia. Dulce, era inteligente y entonada. Leía la literatura francesa del tiempo y se mostraba desdeñosa con los jóvenes que presumían de guapos. Chimista le hizo efecto a la cubana, y Panchita, por encargo suyo, sin duda, me hizo varias preguntas sobre mi amigo.

Cuando le vi a Chimista le dije:

—La cubanita Dulce, por intermedio de Panchita, me ha hecho muchas preguntas sobre ti. Si eres casado o soltero... Yo no he sabido qué contestar.

—Dile la verdad: que soy casado.

Se lo dije, y Dulce, durante algún tiempo, no apareció por casa de mi novia; luego, pasado un año, me dijo que mi amigo Chimista era un hombre seco y sin corazón. No sé qué pasaría entre ellos.

Cuando le dije a Chimista que pensaba casarme con Panchita quiso disuadirme.

Según él, la chica no tenía nada de bueno.

—Yo tampoco tengo nada de bueno —le dije.

—Tú, quizá, tengas algo de bueno que no sospechas. Ella, no. Es estúpida, egoísta.

—¡Qué importa!

—No te aconsejo que te cases con ella. Creo que haces una tontería. Además, tú no eres un hombre de familia; eres un aventurero.

—¡Bah!

—Casarse con una española, aunque sea un poco tonta, puede estar bien; pero una criolla de éstas, lerda, alambicada y presumida, eso es lo peor.

—¿Crees tú?

—Así me lo parece.

—Bueno, ya veremos.

Panchita mostraba ideas de un aristocratismo completo.

—Aquí no se considera elegante tener color en las mejillas —nos dijo una vez a Chimista y a mí.

—Ríase usted de eso —le contestó Chimista—. ¡Qué más quisieran estas damas que tener buen color! Pero con este clima no se puede tener más que la piel amarilla y fea.

Panchita tenía la cara redonda, la nariz un poco chata, la boca pequeña y las mejillas sonrosadas.

Hablaba con cierta libertad dentro de su estupidez; afirmaba que las damas cubanas solían decir con frecuencia:

—Los españoles para maridos y los criollos para amantes.

II

LA LEYENDA DE CHIMISTA

No fueron para mí de una dicha perfecta los tiempos del matrimonio. Panchita y yo no nos entendíamos como deben entenderse marido y mujer. Ella no pensaba más que en lucirse, en ir y venir y en pasearse en la volanta con sus grandes ruedas y su negro con su librea de postillón.

A mí me dijeron luego que Panchita había sido novia de un militar que se llamaba Rafael Zorrilla y que una semana antes de casarse conmigo, decía a todo el mundo:

—Si se presentara de nuevo Zorrilla me casaría con él y le dejaría a este bárbaro.

Mi mujer se creía una perfección, y todos sus defectos los consideraba cualidades. No le gustaba trabajar: esto era una prueba de su naturaleza fina; no quería ocuparse de los demás: ésta era una manifestación de su elevación de espíritu; era golosa: esto constituía un indicio de su buena salud.

En un libro religioso que tenía una tía mía se contaba el caso de no sé quién que pidió a Dios que le hiciera el favor de mostrarle moralmente tal cómo era, como en un espejo, y al verse retratado sintió tanto miedo y tanto asco, que pidió morir. Era un peligro que, para mi mujer, no existía, porque, aunque se hubiese visto en el espejo moral como una tarasca, no hubiera tenido mala opinión de sí misma.

Si no me entendía con mi mujer, tampoco me entendía con mi suegro, porque éste pretendía que, después de haber puesto yo en la sociedad mi capital, me contentase con ser un dependiente de la casa, con lo cual, naturalmente, yo no transigía.

Tuvimos, con tal motivo, continuas reyertas, en las que interveníamos mi mujer, mi suegro y un socio criollo muy amigo de los dos.

Por entonces se comenzó a hablar en La Habana de un famoso pirata que merodeaba entre las islas de Santo Domingo y la de Cuba.

Yo leí en un periódico noticias suyas; se decía que tenía su refugio en unas cuevas de la parte Sur de la isla de Cuba. Era un nuevo Barba Roja.

Yo sospeché en seguida si sería Chimista; un mes después, un capitán de La Habana dedicado también al comercio, me trajo un recorte del periódico *El Delta*, de Nueva Orleans. Al leer el artículo me convencí de que se trataba de Chimista. Se decía que aquel pirata se llamaba Leclercq; otros afirmaban que su apellido verdadero era vasco. Algunos creían que inglés, y que se llamaba Santiago (Jemmy), porque, sin duda, habían oído llamarle Chim. Otros aseguraban que se llamaba Barba Roja, porque llevaba una barba pequeña en punta de este color.

Se le identificaba con El Demonio, pirata que desvalijó durante muchos años el golfo de Méjico.

Había quien decía que Leclercq, con sus piratas, había fundado una sociedad, La Compañía del Relámpago, que firmaba sus comunicaciones con las iniciales E. E. A. A. H. Estas iniciales correspondían al grito de guerra de Chimista y sus amigos: «¡Eclair! ¡Eclair! ¡Adelante! ¡Adelante! ¡Hurra!» También se decía que el jefe de la sociedad del Relámpago pertenecía a la masonería.

Poco después leí en otro periódico yanqui este recorte:

«Un nuevo Barba Roja ha aparecido en el golfo de Méjico, que se dedica valientemente a la piratería. Le llaman Barba Roja porque lleva una barba pequeña en punta de este color. Es alto, de ojos azules y barba roja, que, a pesar de servir de indicio a la policía para prenderle, no se la quita. Este Barba Roja ha desvalijado varios barcos. El pirata trata bien a los pasajeros, sobre todo a las mujeres. Es un pirata galante. Se supone que tiene su refugio en Jamaica o en Cuba. Se dice que al robar uno de los barcos llevaban los jefes un antifaz y los marineros iban pintados de negro. Se asegura que este nuevo Barba Roja es un francés llamado Leclercq; otros le creen cubano; lo que parece cierto es que habla varios idiomas.»

Pocos días después venía de nuevo una noticia en *El Delta*, de Nueva Orleans; decía lo siguiente:

«Parece indudable que el pirata cubano Barba Roja, de quien se ha hablado estos días, es un francés llamado Leclercq, que tiene por lugarteniente a otro francés apodado el Vizconde. Ellos y su tripulación formaban una sociedad titulada los Caballeros del Relámpago. Tanto el Barba Roja como el Vizconde han hecho la trata. Una de sus primeras piraterías fue mandando un barco negrero, del que se apoderaron, y con él saquearon otros negreros, persiguiéndoles con bandera inglesa y obligándoles a pagar fuertes tributos. Como desde hace mucho tiempo los barcos piratas no aparecen, se cree por algunos que tanto Leclercq como el Vizconde han muerto en una sublevación de los mismos piratas contra sus jefes.»

Se dijo que el Gobierno inglés, y después el español, daban cada uno un premio en dinero al que denunciase o entregase a los piratas.

Pasado algún tiempo no se oyó hablar de piraterías más que muy de tarde en tarde.

En mi casa mis asuntos matrimoniales iban de mal en peor. Mi mujer y yo no nos entendíamos; al parecer, el egoísmo mío se exaltaba ante el egoísmo de mi mujer y de mi suegro.

No me encontraba tampoco bien de salud; la fiebre me volvía casi todos los años, y esto contribuía a mi mal humor. Constantemente teníamos discusiones agrias sobre los criollos y los españoles; mi mujer y mi suegro hablaban a todas horas de las injusticias y de la mala administración de los españoles; yo replicaba diciendo que el criollo era un tipo mezquino, lleno de odio, de

rencor y de bajas pasiones. Varias veces el padre
y la hija me llegaron a decir:

—Pues si no estás contento en Cuba, vete. Aquí
nadie te echará de menos.

Por aquella época conocí a un mejicano y a un
yanqui que me hablaron del pirata a quien se
refería *El Delta*, de Nueva Orleans. Según ellos,
este pirata, al cual el periódico llamaba Barba
Roja y Leclercq, era el mismo a quien apodaban
el Demonio y el Vizconde.

El yanqui y el mejicano me dijeron que el Barba Roja, Leclercq, el Vizconde o el Demonio les
había robado a ellos, y aseguraron que al mejicano le quitaron un magnífico reloj de oro, que valía lo menos cincuenta onzas. El robo lo efectuó
el Vizconde. Meses después le vieron a este último en una calle próxima al puerto, en Veracruz,
y al reclamarle la alhaja, el Vizconde dijo:

—¿Cómo? Esta alhaja es mía, y me viene de
familia.

—Bueno, vamos donde el juez, a aclarar el caso.

—Vamos.

El yanqui y el mejicano marcharon con el Vizconde; pero en el camino se les echó encima un
grupo de marineros que empezó a gritar: «¡Eclair!
¡Eclair! ¡Adelante! ¡Adelante! ¡Hurra!», y gol-
pearon al yanqui y al mejicano y permitieron que
el Vizconde se escapara.

Hablé de la cuestión con algunos capitanes de
barco amigos míos.

No creían en estas historias del pirata Leclercq.

En aquella época las Antillas daban un buen
contingente a la piratería; pero no a la gran piratería, sino a una piratería en pequeño.

La vasta extensión de las costas de Cuba, con sus golfos, bahías y ensenadas, y sus islotes dispersos y bajos, que llamaban cayos, ofrecían a los piratas de la isla y de los mares vecinos una serie de puntos favorables para refugiarse y esconderse y para establecerse al acecho de los barcos europeos que salían de La Habana, de Santiago y de otros puertos.

Según aquellos amigos capitanes, entre el Sur de Cuba, Jamaica y Santo Domingo siempre habían navegado goletas y pailebotes sospechosos de piratería y balandras raqueras, tripuladas por negros americanos de las islas Vírgenes.

Estos barcos raqueros solían andar por sitios desconocidos, en donde los buques de guerra no podían entrar porque tenían muy poca profundidad para su calado.

De los piratas se volvía a hablar alguna que otra vez. Unos decían que eran mentiras, historias falsas. Otros aseguraban que no.

III

LO QUE CONTO EL TENEBROSO

Un día, ya hacía años que no le había visto a Chimista, cuando pasó por delante de mi casa, seguido de lejos por un tipo de marino de malas trazas. Salí corriendo del almacén, me acerqué a mi amigo disimuladamente y le dije:

—Te advierto que te siguen.

—¿Me siguen?

—Sí.

—¿Cómo lo has notado?

—Vivo en esta calle, en casa de mi suegro.

—¿Qué señas tiene el que me sigue?

Le expliqué cómo era.

—Sí, me figuro quién es.

Volviendo de golpe marchamos al almacén, y vimos de frente al que le seguía, que se marchó corriendo a la otra acera.

—Me lo figuraba; es el Tenebroso —dijo Chimista.

—¡Chico, qué apodo!

—Es un pobre tonto, que quiere intimidarme. No merece que nos ocupemos de él.

Chimista me preguntó si me encontraba a mi gusto casado con la Panchita.

Yo le conté mis diferencias con mi mujer y con mi suegro.

—Ya te dije yo que hacías una tontería en casarte con esa mujer.

—Sí, es verdad; pero no te creía infalible en cuestión de mujeres.

Chimista habló, como siempre, con ingenio, con animación y alegría. Me preguntó sobre los negocios de suministros de azúcar que hacíamos en el almacén.

Chimista tenía muy mala idea de los ricos.

—¿La fortuna de los ricos, cómo está hecha? —dijo—. Por la usura o por la estafa.

—¿Tanto crees tú?

—No hay más que tres maneras de ganarse la vida, como dijo Mirabeau: o mendigo, o ladrón, o asalariado. Yo casi prefiero ser ladrón: es la manera más noble de hacer una fortuna.

—No tiene más inconveniente que la posibilidad de la horca.

—Eso es verdad; por lo mismo, la empresa es más entretenida y más llena de emociones.

Luego añadió:

—Garisuma ta urcabea asturugaicenzat. (La cuaresma y la horca para los insensatos.)

Charlamos largo tiempo de la manera de ganar y de los mil chanchullos que hacían los comerciantes de La Habana, solos o con la complicidad de los empleados del Gobierno.

—Aundiac naidutena chiquiac aldesatequena (Los grandes lo que quieren, los pequeños lo que pueden) —aseguró Chimista.

Hablamos de los asuntos suyos, y yo le pregunté por Dolly y por sus hijos, que, al parecer, estaban muy bien en Charleston. Ana Warden había
ido a Inglaterra y se había casado con un aristócrata. Chimista me explicó algunos de sus negocios.

Lo característico de Chimista era la facilidad
con que lo hacía todo; no encontraba obstáculos.
No era un cínico ni un puritano, quizá más bien
era un escéptico de una clase rara. «Ahora se
cree esto, decía, mañana se creerá otra cosa», y
no añadía: «Todo es mentira», sino: «¡Quién
sabe! Quizá, todo puede ser verdad.»

Una semana después, el hombre que seguía a
Chimista, y a quien éste había llamado el Tenebroso, entró en nuestro almacén y preguntó
por mí.

Desde el principio comprendí que venía a son-
sacarme, a hacerme hablar. Yo conté pocas cosas
y me fingí más tosco de lo que soy y como si
apenas supiera expresarme en castellano. Le dije
que conocía a Chimista de España y que lo tenía
por rico.

El hombre protestó: «¡Qué va a ser rico!»,
dijo; y me contó todo lo que sabía de Chimista,
y entre lo que sabía, probablemente, mezcló muchas fantasías. El Tenebroso hablaba con acento
andaluz.

—Este hombre —me dijo, refiriéndose a Chimista— es uno de los mayores bandidos que pueda usted conocer.

Yo me hice el sorprendido.

—¿Usted sabe cómo se llama?

—Dice la mayoría que es un francés que se llama Leclercq; otros aseguran que su apellido es vasco, que se llama algo así como Bizargorri, y algunos afirman que es inglés y que se llama Jemmy. Nosotros le hemos llamado siempre el Capitán.

—Y su verdadero nombre, ¿no se sabe?

—No.

—¿Y es cierto que ha formado una sociedad?

—Sí, formamos la sociedad de los Caballeros del Relámpago, que llevan todos marcada en la mano una E mayúscula y una raya como la de un relámpago. Mire usted: yo también las llevo.

Me mostró la E y una raya quebrada en el dorso de la mano, entre el pulgar y el índice.

—¿Usted también ha formado parte de la sociedad? —le pregunté.

—Sí, yo también; cuando no creí que se convirtiera en una sociedad de traidores.

—¿Es verdad que tienen un grito especial?

—Es verdad. Todos los Caballeros del Relámpago tienen como grito de guerra: «¡Eclair! ¡Eclair! ¡Adelante! ¡Adelante! ¡Hurra!»

—¿Y por qué ese grito? ¿Qué significa?

—No lo sé.

Me figuré que el Tenebroso no conocía a fondo la vida de Chimista y que no iba a contar nada que valiese la pena; pero, a pesar de esto, le convidé a unas copas de caña y le hice hablar.

—Nosotros, los de la sociedad del Relámpago, hemos desvalijado varias veces en el mar a los negreros —me dijo—. Llevábamos la bandera inglesa y nos imponíamos a cañonazos. Solíamos

acercarnos en la ballenera al abordaje, subiendo
por las cuerdas. A veces el Capitán y toda la gente de su cuadrilla vestían de marinos ingleses.

—¿Y los negreros no se defendían?

—En general, los negreros se defendían mal,
y los barcos de comercio, peor. A éstos se les detenía, se les registraba y se les sacaba una fuerte
contribución.

—¿Y siempre mandaba el Capitán?

—El y otros pilotos amigos suyos, casi todos
vascos; muy mala gente.

—Yo también soy vasco.

—Bien; pero usted no es marino. Los marinos
vascos son una gente muy mala.

Cuando me dijo que yo, aunque vasco, no era
marino, me reí por dentro.

—Has acertado —pensé—. Si en todo eres tan
perspicaz como en esto, estás lucido.

El Tenebroso dijo que los del Relámpago tenían, cuando navegaban, sus cláusulas. En las
presas eran todos iguales, aunque el capitán y el
contramaestre tuviesen una parte más. La comida era la misma para los tripulantes, aunque el
capitán comía solo en su cámara. Al que retroce-
diese ante el barco enemigo, el contramaestre podía condenarlo a muerte.

—¿Y el Capitán respetaba estas cláusulas?

—No, no las respetaba. Por eso tenía enemigos.

—¿Y dónde estaban escritas esas condiciones?

—No estaban escritas en ninguna parte; pero
era lo convenido.

—¿Y por dónde viajaban ustedes?

—Por todas partes: en verano se subía hasta el Canadá y en invierno bajábamos a los países ecuatoriales; pero en Centroamérica se hacían las mejores presas. Cerca de Maracaibo cogimos una vez un barco cargado de azúcar y de pimienta, que valió mucho dinero al Capitán.

—¿Necesitarían ustedes sitio para limpiar y carenar los buques?

—El Capitán conocía playas ignoradas donde se limpiaban los fondos. Estas playas eran desconocidas de todos. Mientras que los barcos se limpiaban, las tripulaciones estaban muchas veces en las cuevas próximas a las Cuchillas de Baracoa.

—Y los víveres, ¿dónde se adquirían?

—Se decía que el Vizconde, uno de los segundos del Capitán, tenía amigos en las Pampas, y que allí compraban ganado para la tripulación.

El Tenebroso relató varias cosas, contradiciéndose muchas veces, lo que demostraba que no estaba muy seguro de lo que decía y que, probablemente, las historias que contaba, en su mayoría eran oídas.

Afirmó que el Capitán tuvo una época en que se entendió con los ingleses; se apoderaba de los barcos negreros y, a veces, los vendía en Sierra Leona, con negros y todo.

Esta traición, según el Tenebroso, no se la perdonaban los negreros, que habían jurado vengarse de él.

Una de las veces el Capitán se apoderó de un barco, haciendo que la tripulación se emborrachara.

—¿Usted lo presenció? —le pregunté yo al Tenebroso.

—No. Fue antes de que yo entrara en el Relámpago. Mientras yo estuve con el Capitán, ese hombre, en su barco, hizo un gran crucero, apoderándose de los barcos mercantes, llevándose el dinero y dejando las tripulaciones engañadas.

—¿Y usted fue con él en ese crucero?

—No.

—¿Y el Capitán, era cruel?

—No; eso, no. Dejaba las crueldades a sus lugartenientes para dar él una impresión de benevolencia y de humanidad.

—¿Y es hombre valiente?

—Sí, es hombre valiente. Se dice que mandando un barco que se llamaba el Meteoro se le incendió, y con peligro de su vida llegó a dominar el incendio, lo que hizo que la tripulación le ovacionara con entusiasmo.

—Lo curioso es cómo ha podido escapar de la persecución de la policía y de los enemigos ese hombre.

—El Capitán ha sabido cambiar a tiempo su gente; cuando estaba cansado de alguna o no tenía confianza con ella la renovaba, traía sus marineros a Jamaica o a Cuba y aquí los piratas se convertían en contrabandistas.

—Indudablemente, ese hombre debe tener mucha habilidad.

—Mucha. Ha hecho cosas terribles; cualquiera de ellas bastaría para colgar del penol a un hombre. Yo creo que se ha defendido también mucho por la protección de los masones.

—¿Y el Vizconde?

—El Vizconde es hijo natural de un aristócrata francés y de una bailarina cubana. Se llama Saint Foix de Miramont, se ha puesto el título falsamente, porque, aunque de la familia, no le correspondía a él. Se ha dicho que un hermano suyo le preguntó si es que quería arrastrar el título por el cieno, y que él le contestó que eso era precisamente lo que quería.

—¿Y tuvieron ustedes muchos percances en sus viajes?

—Muchos; figúrese usted, yo he pasado con el Vizconde un año entero, un año de robos y de estratagemas. Uno de los días estábamos espiando el paso de un negrero en la costa de Guinea. Llovía una lluvia muy pesada y había una espesa brumazón. Nosotros solíamos llevar siempre un vigía a proa. En esto, el vigía cantó: «Barco a la vista.» Llamamos al Vizconde, el Vizconde dormía. Se levantó y nos dijo: «Preparaos para el abordaje.» El piloto maniobraba para aproximarse al negrero; había un gran silencio. Ibamos acercándonos entre la bruma. «¡Ah, del barco!», gritó el Vizconde con la bocina, y en el mismo momento nos soltaron una andanada de metralla. Indudablemente el barco debía de ser alguna cañonera de guerra, y desapareció en seguida. No nos había hecho daño en las velas; podíamos seguir navegando. Se encendieron los faroles. La mitad de la tripulación había caído: diez o doce hombres estaban gravemente heridos. El Vizconde se alejó rápidamente de la costa. Al día siguiente se limpió el barco de sangre y se siguió alejándose de la ruta de los cruceros ingleses, hasta llegar aquí, a Cuba, donde se pudo tomar nueva tripulación.

—Pero ese viaje fue con el Vizconde, no con el Capitán.

—Sí, con el Vizconde. El Capitán iba por otro lado; un año estuvo afrontando peligros casi diarios, sin que le ocurriese absolutamente nada.

—¿Había uno o varios barcos piratas en la sociedad del Relámpago?

—Al parecer, había varios. Se decía que cuando dos barcos de la sociedad del Relámpago se encontraban en alta mar, cada uno izaba el pabellón verde.

—¿Y qué clase de tripulación tenían ustedes?

—Naturalmente, mala. No iban a ser señoritas de un colegio de monjas. El Vizconde nos dejaba llevar una indumentaria terrible de facinerosos: gorro rojo, el pecho al descubierto, faja de color con una o dos pistolas, sable y puñal.

—¿Sacarían ustedes mucho dinero?

—Mucho. Se decía que una vez el Capitán había detenido un barco en donde viajaba una dama india, riquísima, que se había enamorado de él y quería que se casara con ella y fuese a vivir a su palacio.

—¿Y no se le sublevó nunca la gente al Capitán?

—Sí, una vez.

—¿Y usted presenció la sublevación?

—No, me contaron lo que había ocurrido.

—¿Y cómo fue?

—Habían capturado un bergantín. El Capitán llevaba de piloto a un francés, un tal Coquelicot.

Se le llamaba así por su color como el de una amapola. Este piloto, borracho, violento, era poco querido por la tripulación; trataba a chicotazos a los marineros. Había pasado Coquelicot al barco capturado, y con él unos cuantos marineros enemigos suyos, entre ellos el brasileño Amarino y el griego Jermonakis. Al verle solo en el barco, los enemigos se echaron sobre el piloto, lo hirieron y le cortaron la cabeza. Le explicaron al Capitán lo que ocurría, y entonces éste, convencido como estaba de su poder, marchó en un bote al barco capturado. Inmediatamente que llegó sobre cubierta los rebeldes le ataron de pies y manos, y sin más ceremonia lo tiraron al agua. En tanto, en el buque pirata la tripulación se había sublevado. El Capitán, por un esfuerzo milagroso, se soltó las manos y los pies, y fue nadando hasta su barco. Entró, con el cuchillo en la boca, por uno de los escobenes y pasó al alcázar de proa, donde estaban encerrados por la tripulación sublevada los partidarios suyos, casi todos vascos. Al ver a su capitán, los prisioneros cobraron ánimos. El Capitán, seguido de los suyos, salió a cubierta y comenzó la lucha, matando a un negro y quitándole un fusil. Los compañeros se echaron sobre los sublevados, y entre todos se apoderaron del barco. Después apareció el Capitán en el castillo de proa con su barba roja y los brazos cruzados. «¡Eclair! ¡Eclair! ¡Adelante! ¡Adelante! ¡Hurra!», gritaron todos. «Tres hurras por nuestro capitán», dijeron sus partidarios, y los vascos gritaron: «¡Bravo, Bizargorri!» Luego encerraron a los enemigos, y los oficiales condenaron a muerte a tres de los que habían sido los inductores del

motín. El procedimiento fue llevarlos al bauprés
y allí dispararles un tiro en la cabeza. Los del
bergantín quisieron escapar de miedo; pero el
Capitán, que estaba furioso, los persiguió. Al fin
se rindieron, y el Capitán mandó azotarlos y tenerlos en el cepo.

El Tenebroso contó otros detalles de la vida
en el barco pirata. Según él, varias veces había
visto condenar a alguno a hacer el paseo de la
plancha, con el cual se lanzaba un hombre al mar;
pero este suplicio lo empleaba el Vizconde. Verdad es, afirmó el Tenebroso, que con una tripulación de bandidos, de canallas y de borrachos
no se podía hacer otra cosa.

El Tenebroso reconocía que el Capitán sabía
mandar de una manera tan decidida, y al mismo
tiempo tan amable, que, en general, todo el mundo le obedecía a la carrera. Parecía que hacía un
favor, una confianza, al mandar algo.

Habló también el Tenebroso del doctor Mackra como si fuera una buena persona. Esto ya
me hizo pensar que había muy poco de verdad en
lo que contaba. Yo podía aceptar todo menos eso.

Como me había hecho gracia la mala opinión
que tenía el Tenebroso de mis paisanos, le dije:

—¿Así, que entre los vascos había mala gente?

—Sobre todo muy brutos, muy torpes —contestó él.

—¿Qué hacían?

—No hacían más que lo que les decía el Capitán; para ellos no había argumentos ni reflexio-

nes. Lo que mandaba el Capitán, era siempre lo mejor.

—¿Y conoció usted a muchos de estos vascos?

—Conmigo navegaron varios. A los que más conocí fue a dos: Zacar y Cigardi, muy amigos los dos y muy bárbaros. Zacar y Cigardi estuvieron sin encontrar plaza en ningún barco durante algún tiempo y anduvieron por las aldeas y los ingenios de Cuba con unos titiriteros. Zacar hacía de domador, y Cigardi, que es un hombrón, hacía de oso, para lo que empleaba una especie de zamarra o gabán de piel rojiza. La pareja Zacar y Cigardi no tenía éxito: unas veces les siseaban y otras les silbaban y les tiraban boniatos podridos. En uno de los ingenios hicieron su farsa la Caza del Oso, y los silbaron de una manera terrible. Estaba el teatrito lleno de mulatas y negras elegantes y de algunos negros con frac. Al oir la silba, Cigardi, que por debajo de su gabán iba desnudo, lo levantó y enseñó el trasero al público. No le digo a usted lo que pasó entre negros y mulatos, que son tan ceremoniosos. Les persiguieron a tiros a los dos vascos por el campo. Son gente muy bestia.

Yo me reí mucho de la ocurrencia de Cigardi. El Tenebroso no se explicaba la causa de mi alegría.

IV

EL SABIO MAGICO

Después de la conversación con aquel hombre intenté comprobar algo de lo dicho, y entre ello si Chimista era o no masón. En Cuba se hablaba entonces mucho de la masonería, y, al parecer, había logias de distintos ritos.

La masonería estaba dividida en la isla en dos grupos principales: los escoceses y los yorquinos. Había también algunos pocos comuneros y carbonarios entre los prófugos de España, del año 23, y otros independientes, que formaban parte de la logia Lautaro, que tenía su centro en Londres.

Al parecer, los masones del rito escocés y los comuneros eran, en su mayoría, europeos y partidarios de la metrópoli; los del rito de York, la Cadena Eléctrica, y los Soles de Bolívar, separatistas.

Había también siboneyes, que a los españoles nos llamaban godos y tártaros. Los siboneyes se dedicaban a la literatura de abanico, hablaban del canto del sinsonte, de las plumas del tocororo y de otra porción de cosas, propias para un cromo de una caja de tabacos.

Durante algún tiempo me dijeron que dos españoles intervenían en la política de las logias de Cuba. Estos dos españoles aventureros, que estuvieron con el brigadier Barradas en la expedición contra Méjico del año 29, eran don Francisco de Paula Mancha y don Francisco del Arroyal, ambos pertenecientes a la clase de demócratas prófugos de España desde el año 23.

Paula Mancha, al parecer, retornó a La Habana con las tropas que capitularon en Méjico al mando de Barradas, y volvió con la bolsa llena.

Paula Mancha, a quien conocí, era hombre de cuarenta años de edad, bisojo, de pelo rubio, cara larga, mediana estatura. Había sido en España, en el segundo período constitucional, teniente de Caballería, y vivido siempre del juego y de otras trampas, propias de tahúres y de gente mal entretenida. El tal Mancha tenía un hermano, Epifanio, que, de acuerdo con Gorostiza, ministro de Méjico en Londres, y con Arroyal, trabajaba a favor de los filibusteros.

Mancha me dijo que no conocía a Chimista. Si éste se hallaba afiliado a la masonería, no tenía grado muy alto ni influencia política.

Fui a ver a Chimista para contarle lo que se decía de él. Lo encontré en su casa leyendo un libro titulado *El Conde de Gabalis*, sobre las ciencias secretas.

—¿Para qué lees tonterías? —le dije.

—Se divierte uno. ¿Tú no crees que un silfo

pueda adquirir una gran potencia cuando apren-
de a pronunciar cabalísticamente el nombre de
Nehmahmihah?

—No soy cliente tuyo.

Chimista se rió.

Chimista era conocido por algunas personas de
La Habana como médico. Mucha gente había oído
hablar de las aventuras del nuevo pirata Barba
Roja, pero no relacionaban lo que se decía de este
pirata con la existencia del médico medio mago.

Chimista, para algunos, en su encarnación de
Bizargorri o del Demonio, era un bandido dia-
bólico que robaba y se reía de la gente; para otros
era un tipo a lo Byron, con cierta gracia y humo-
rismo.

En La Habana, Chimista pasaba como médico
homeópata; tenía un salón de consulta, una biblioteca con libros raros y un laboratorio, complicado con retortas y alambiques. Se hacía llamar
el doctor Temple. Al parecer, afirmaba que había
inventado un elixir de larga vida. Era secretario
suyo un médico español, que consideraba a Chimista como un hombre de gran inteligencia, y
afirmaba que todo lo descubierto por él era resul-
tado de su intuición genial.

Chimista, como médico mago, no conocía nada
de los libros modernos; decía que no leía más
que lo antiguo. El doctor Temple creía, en parte,
en la homeopatía y defendía este sistema; pero
defendía otros varios y fantaseaba por puro entre-
tenimiento.

Durante mucho tiempo Chimista se conservó
joven; gastaba la broma de decir que esto dependía de que usaba su elixir de larga vida. Asegura-

ba que tenía cuarenta años más de los que tenía. Con su memoria prodigiosa recordaba con detalles todo cuanto había leído y oído. Además, tenía mucha experiencia, mucho mundo.

Decía, en broma, que unas veces usaba el bastón de la vida dulce, cotidiana y vulgar, y otras, el bastón de los momentos graves. Tenía también el bastón de las épocas de angustia, con una bola de plomo en el mango.

Aseguró una vez que en un país de Africa donde él estudió las fiebres se andaba montado en un cocodrilo; se le ponía una tapa de cazuela en cada ojo y con una cuerda se le destapaba la una o la otra para que el saurio fuera por la derecha o por la izquierda.

Yo supuse que Chimista se teñía el pelo de blanco en su personalidad de doctor Temple.

Quizá también se pintaba el pelo de rojo en sus viajes de aventurero del mar y en sus avatares de Leclercq y Bizargorri. Su pelo natural era rubio, y en algunas partes, castaño; luego se le blanqueó mucho, y para los treinta y cinco o cuarenta años tenía la cabeza completamente cana.

Chimista aparecía como sabio, medio curandero medio homeópata y alquimista, que había estudiado cosas raras. Se veían en su casa muchos libros de magia, en latín y en otros idiomas, y aseguraba que en ellos encontró grandes secretos. Unos lo tenían por loco y otros por extravagante.

Toda la vida de Chimista estaba en bordear los peligros y luchar contra toda clase de obstáculos.

Me contó que había recorrido parte de la América del Sur, leyendo libros de magia y recitando exorcismos para curar a las caballerías y a los ganados.

—Como decías tú una vez —afirmó—, no hay ninguna diferencia entre el blanco y el negro: los dos creen con la misma facilidad la misma clase de tonterías.

Chimista había probado todos los oficios: marino, taumaturgo, charlatán, sacamuelas, prestidigitador, buscador de minas de oro. Era, como dijo él una vez, un gran coleccionista de aventuras.

El movimiento constituía para él su estado natural. Iba y venía constantemente. Por entonces estuvo en un pueblo de España, donde compró una antigua biblioteca, que procedía de un convento; fue también a Inglaterra y presentó en Londres una patente de un combustible hecho con una mezcla de carbón y otro producto que había encontrado.

Cuando ya estaba harto de movimiento volvía a Charleston a reunirse con Dolly, a quien llamaba el Hada Minuciosa.

Con Chimista hablé mucho tiempo de mi situación y de la suya y de las diferencias que tenía con Panchita.

—Yo como tú —me dijo Chimista—, a esa mujer la dejaría en un sitio lejano donde no pudiera volver, como al perro que estorba, o si no me iría yo muy lejos.

—Sí, es bastante bestia y vanidosa; pero, al fin y al cabo, es la mujer de uno.

—¡Bah, eso qué importa!

—¿Tú crees que no, Chim?

—Claro. Para nosotros, ¿qué significa la ley? Nada.

—Hay una segunda cuestión, y es la del dinero que yo he metido en esa casa —le dije—. ¿Cómo lo saca uno?

—¿No te atreves a pedirlo?

—¡Atreverme! ¡Pche! El caso es que mi suegro no me lo dará. Dirá que el dinero se ha invertido en el negocio.

—¿Cuánto habrás puesto?

—Unos doce mil duros.

—¿Sabes lo que podríamos hacer?

—¿Qué?

—Yo te giro dos letras por ese valor. Tú las aceptas, yo las cobro y te entrego el dinero.

—Sí, eso estaría bien.

—¿Tú tienes autorización para aceptar las letras?

—Sí.

—Entonces ya está... Después de cobrar escribes a tu mujer diciendo que necesitas ese dinero para un negocio y que te vas.

—¿Y adónde me voy?

—Yo te llevaré a una casa solitaria, donde no te encuentra el sabueso más fino del mundo.

—¿En dónde está esa casa?

—Está en el partido de Bayamo, a orillas del río Cauto.

—¿En Cuba?

—Sí; hacia el Sur de Cuba.

—¿Hay que hacer algo por allí?

—Sí, quizá te necesite.

—Muy bien. Estoy a tu disposición.

—Probablemente nos tendremos que meter en una empresa peligrosa.

—Eso no importa. Cuenta conmigo.

—El doctor Mackra y el Vizconde me hacen la guerra.

—Parece que dicen que eres un bandido.

—¿Ellos? Tiene gracia. Había que decirles: ¿Norc nori? Pacia zarrac perzarí. Quen adi ipur beltz ori. (¿Quién a quién? La sartén vieja, que dice al caldero: quita de ahí, trasero negro.) Esto lo decimos en latín: ¡Væ! ¡Væ! ¡Væ! Nigra, le decía el cazo a la olla.

—Yo había oído otra frase, en vascuence, para expresar la disputa entre la sartén y el cazo —le indiqué—: Sosua beliari ipurdi beltz. (El mirlo le dice al cuervo: trasero negro.)

—Bien. Así, ¿que cuando te necesite?...

—Cuando me necesites, ya sabes que estoy a tu disposición para todo.

Se hizo lo que se había pensado con las dos letras. Chimista me entregó el dinero y me acompañó a una casa próxima a Manzanillo, donde me entregó una estampa de barco, cortada caprichosamente; era, sin duda, una contraseña.

—Cuando te envíe una estampa que coincida con ésta, vienes lo más pronto que puedas a mi casa.

—¿A tu casa?

—Sí, aquí te dejo mi dirección.

Y, sin más, se largó.

V

COMPLOTS

La casa donde fui a vivir estaba a poca distancia de Manzanillo y a no mucha de la desembocadura del río Cauto.

El tiempo que pasé en aquella casa lo aproveché en visitar la comarca, una de las más pintorescas de Cuba. Subí y bajé varias veces por el Cauto. A la salida de este río hay una extensa ciénaga y en sus proximidades un gran número de islas pequeñas y bajas, que apenas salen del agua cubiertas de vegetación. Estos islotes, que allí denominan cayos, forman parte del archipiélago que llamó Colón los Jardines de la Reina, y hoy se conocen también con el nombre de Laberinto de las Doce Leguas.

Al Norte del Cauto se ensanchaba la ciénaga de Birama, y al Sur, la del Buey. Todos aquellos islotes o cayos eran rocosos, y en ellos se levantaban unas rancherías y casas de guano, donde vivían los pescadores. Algunos de los islotes no tenían vegetación, otros estaban cubiertos de árboles. Por entre el laberinto de los cayos solían

aparecer una infinidad de barcos sospechosos de
contrabando y piratería. Los piratas atacaban a
los pailebotes pequeños y a veces a embarcaciones
de mayor tonelaje, y se refugiaban en aquellos
archipiélagos. Se valían de que los buques de guerra no podían entrar a perseguirles en estas aguas
por el poco fondo que ofrecían para sus calados.

Estuve en el pueblo llamado Cauto del Embarcadero, asentado en una tierra llana, muy húmeda y pantanosa, y recorrí parte del río, que es na-
vegable en muchas leguas.

A orillas del Cauto había una gran cantidad de
jejenes y corosíes y de toda clase de mosquitos,
que pululaban sobre las aguas estancadas.

Pasé unas tres semanas tranquilamente, hasta
que un día se me presentó un muchacho con una
estampa cortada; coincidía con la que me dio Chimista tiempo antes. Inmediatamente me dirigí a
una casa de Manzanillo. En la casa me encontré
a Tricu. Este me llevó a una finca próxima, en
donde hallé a Chimista y a Dolly.

Me recibieron los dos muy efusivamente; yo
sentía también por ellos un verdadero cariño.

Chimista me contó lo ocurrido: le habían llamado a él días antes para tener una entrevista con
el doctor Mackra y el Vizconde a un poblado
próximo. Se trataba de zanjar las diferencias que
existían entre ellos.

A la vuelta, marchaba en una volanta con un
criado mulato, cuando le soltaron una descarga;
el coche dio un golpe en una piedra del ribazo y
Chimista salió despedido. Se puso en seguida en
pie, con la pistola en la mano, dispuesto a pegarle un tiro al cochero mulato, que desapareció al

momento. Chimista montó a caballo. Al llegar a Manzanillo no podía andar, tenía una dislocación del pie.

Unos días después, Chimista recibió un anónimo diciéndole que se presentara solo en una encrucijada próxima al bohío Trinidad. Podían contarle cosas para él muy interesantes. Chimista no se decidió a ir; todavía tenía el pie inútil, y en el caso de una emboscada le hubiera sido difícil escapar.

Dolly, enterada, decidió marchar ella misma. Dolly consultó conmigo. Yo le dije que yo iría; pero ella no quiso. Quizá tenía algunos celos o quería enterarse de algo personalmente.

Estando hablando con ella se presentó Commoro; discutimos, y quedamos de acuerdo en marchar los tres e irnos escalonando en el camino del bohío Trinidad. Dolly se puso su capote y un sombrero; montó a caballo, y ella en medio y el negro y yo a los lados, marchamos una noche en dirección del bohío donde habían citado a Chimista.

A una distancia de media milla del pueblo bajé yo del caballo y quedé emboscado entre unas matas. Siguieron Dolly y Commoro, y poco después se apeó Commoro y permaneció en observación, armado con dos pistolas y un machete.

Después siguió Dolly adelante y el negro avanzó despacio a pie hasta acercarse, ocultándose en los matorrales a la encrucijada próxima al bohío.

Cuando llegó Dolly al sitio de la cita bajó del caballo y esperó. En aquel momento se le echaron encima tres hombres; ella quiso defenderse, pero le ataron y le arrastraron a la casa.

Por entre la manigua, Commoro se dio cuenta de lo ocurrido, y con decisión entró en el bohío, luchó con dos hombres, a uno lo mató y al otro le dejó mal herido; después soltó a Dolly, que estaba a punto de perder el conocimiento; montó a caballo y fue a galope a reunirse conmigo.

Pensamos si nos perseguirían; pero no hubo persecución, y pudimos llegar a la casa sin otro percance.

Cuando se le contó a Chimista lo ocurrido entró en una terrible cólera; el que hubiesen maltratado sin consideración a su mujer, le enfurecía.

Chimista deseaba poder salir para vengarse.

Yo le pregunté si no sería cosa de avisar a la policía; pero Chimista rechazó la idea y dijo varias veces:

—Yo no necesito de eso. Aquí la policía no vale para nada.

Realmente, la policía de Cuba servía para todo menos para perseguir a los criminales. En un país rico, inmoral, de europeos degenerados por la vida muelle, de mulatos y de negros, la policía tenía que ser abyecta, y así lo era. En La Habana, los inspectores, que llamaban comisarios y tenientes de barrio, no tenían sueldo, pero en cambio gozaban de unas igualas que a algunos les enriquecía en poco tiempo. Las academias de baile, las casas de juego y de trato, los velorios de los muertos negros, prohibidos por el Gobierno, todo esto pagaba su contribución clandestina.

La gente rica se percataba de que, mediante la iguala o el aguinaldo, se pasaban por debajo de la pierna los bandos de la policía; los comerciantes sabían que con la cuota estaban defendidos

Algunos de aquellos tenientes de barrio, casi omnipotentes, cubrían a los desertores de Marina y les facilitaban pases para marcharse, les daban posada y manera de huir. Para estos inspectores, ocultar una muerte era cosa fácil.

En el campo se hacía lo que se le antojaba al propietario rico. Había tenencias de Gobierno, en donde luchaban grupos rivales mandados por capitanes.

Las capitanías de partido se dividían en cuartones, y al frente de cada cuartón un teniente o un cabo de ronda mandaba toda la gente, empleada en ingenios, cafetales y potreros de los amigos.

SEGUNDA PARTE

CHIMISTA CONTRA EL DOCTOR MACKRA

I

EL DOCTOR MACKRA Y SUS AMIGOS

Chimista me indicó que fuera a vivir a la ciudad de Santiago, porque me necesitaría un día u otro. Viví en Santiago más de un mes hasta que apareció en mi casa Tricu.

Tricu me contó la razón de las diferencias entre Chimista y el doctor Mackra, que no eran muy importantes, al menos en su origen.

Me explicó parte de los motivos de enemistad entre Chimista, el doctor Mackra y el Vizconde, que estribaban principalmente en que cada uno de los tres quería llevar en sus negocios la parte del león.

Me dijo Tricu que Chimista le había dado permiso para contarme lo ocurrido.

Tricu no ocultaba que, tanto Chimista como él, habían hecho algunas trastadas y tenido negocios de contrabando con el doctor Mackra y con el Vizconde.

En todo lo referente a Chimista subsistía el

4

equívoco. Tricu daba a entender que habían hecho infracciones legales de poca importancia. En cambio, el Tenebroso hablaba de crímenes.

Tricu me dijo que el doctor Mackra era un hombre sombrío, de mal humor, que trataba mal a la gente y tenía mucho odio, sobre todo a las personas jóvenes y sanas. La salud y la fuerza en los demás le parecían ofensivas e insultantes.

Tricu me contó algo que, a pesar de estar acostumbrado a oir toda clase de barbaridades, me hizo estremecer. Me dijo que el doctor tenía un gran miedo a la muerte, que estaba pensando siempre en un elixir de larga vida, en si sería mejor para su salud el calor, el frío, la sequedad o la humedad, y que a lo último había comenzado a beber sangre de niño para rejuvenecer.

Hacía experiencias para encontrar un elixir regenerador y mataba niños pequeños y utilizaba su sangre.

Una vieja india, criada suya, era la encargada de comprar los niños para matarlos. La vieja india le acompañaba en los viajes que hacía Mackra a las islas Filipinas, y en el camino, o quizá en la finca que tenía en Mindanao, era donde se cometían las muertes. Algunos aseguraban que no sólo bebía la sangre, sino que comía ciertas glándulas que él consideraba las mejores para rejuvenecer.

—La india vieja amiga del doctor está dominada y sugestionada por él —me dijo Tricu.

—¿Qué tipo es?

—Es una mujer apergaminada, cetrina, con unos pellejos colgantes y unos ojos sombríos y llenos de fulgor.

Tricu, por lo que contó, la había conocido. No hablaba con nadie y tenía gran repulsión por los blancos. La india cuidaba al doctor Mackra y se le veía siempre pendiente de su salud. El doctor, por entonces, estaba flaco, de color cobrizo y como consumido.

—¿Tú has estado alguna vez en su casa? —le pregunté a Tricu.

—Sí, he estado en el ingenio que tiene en la Sierra Maestra, aquí cerca, que se llama la Atalaya; pero no he estado más que un momento.

—¿Qué clase de hombre es?

—Es un hombre que no le gusta hablar. Tiene un sistema de campanillas y de timbres para que nadie pueda entrar en su casa sin que se le oiga, y al mismo tiempo ha preparado un observatorio como una torre blindada, donde, según parece, guarda armas, municiones y víveres y una escalera que se puede retirar. En esta torre no ha entrado nadie.

—¿Tú tampoco?

—Yo tampoco. Yo, cuando fui a su casa, el doctor estaba tendido en una hamaca y tenía un pomo de sales en una mano, que respiraba de cuando en cuando. En el cuarto había unas gruesas velas perfumadas.

—¿Y no tiene cerca a su gente? —le pregunté yo.

—A una hora más abajo de la casa del doctor, en el mismo monte, hay un refugio de piratas y contrabandistas. Es un poblado donde viven marineros de todas clases: europeos, indios, mulatos y mestizos.

—Y el Vizconde, ¿cómo se muestra?

—El Vizconde es, sobre todo, un fanfarrón. Le gusta poner siempre ejemplos de su maldad y de su perversidad. Se jacta de ser vengativo e implacable, de que nunca ha perdonado a nadie, y dice que de todo aquel que le ha hecho daño y ha sido su enemigo, tarde o temprano se ha vengado.

—Sí, desarrolla esta tesis con un placer de poeta byroniano, como dice Chimista —añadí yo—. A mí también me ha dicho que ha precipitado al mar a varias gentes por el procedimiento conocido por el nombre de la *Promenade sur la planche;* pero he pensado si todo sería fantasía.

—No, no; los males que ha podido hacer los ha hecho.

II

LA COBRA, EN EL CUARTO

Unas semanas más tarde vino otra vez Tricu y me contó el peligro en que había estado Chimista, en un atentado contra su vida, preparado por el doctor Mackra.

Por lo que me dijo Tricu, Chimista se había establecido en un bohío del monte, hacia Bayamo; no sabía con qué objeto. Dolly estaba ya en Charleston; Chimista pensaba vivir en el bohío una semana. Conocía al dueño, que le merecía confianza completa. A los pocos días de llegar, por la noche se acostó temprano, y dos horas después se despertó y oyó en la oscuridad un ruido de algo que se movía por el suelo y después un pequeño ronquido. Al sentir el movimiento y el ronquido en el suelo, el instinto le hizo alarmarse. ¿Qué podía ser aquello?

Era en su mismo cuarto, no cabía duda.

Suspendió el aliento, para darse mejor cuenta del ruido, y adquirió la seguridad de que había algo. Quizá un hombre que contenía la respiración.

Llamar le pareció peligroso. Chimista ponía la

pistola cargada en la mesilla de noche, al alcance de su mano. Llevaba siempre fósforos alemanes, por entonces todavía muy poco generalizados.

Encendió un fósforo y en seguida una vela.

A la luz quedó estremecido; había una serpiente cobra en el suelo, de más de dos varas de larga; al verle el ofidio se irguió, levantando la cabeza.

Chimista, rápidamente, tomó la manta de la cama y se la echó al reptil por encima.

Cogió la pistola en una mano y la ropa en la otra y fue a escapar inmediatamente por la puerta. La puerta estaba cerrada; entonces abrió una ventana y salió a una galería exterior.

Llevaba la pistola en la mano; tenía un aire de decisión y de desesperación. Dejó la pistola en el barandado y se vistió rápidamente. Luego se descolgó por la galería, llevando la pistola sujeta en los dientes.

Bajó al suelo y, por una ventana abierta, entró de nuevo en la casa.

Después avanzó por la escalera, y al llegar al pasillo adonde daba la puerta de su cuarto vio a un hombre que aguardaba allí inmóvil. Sin duda estaba en acecho para ver lo que pasaba dentro del cuarto. Llevaba un saco en una mano y una linterna sorda en la otra.

Chimista estuvo a punto de dispararle un tiro; vaciló; pensó varias cosas rápidamente, y optó por esperar; bajó y llamó al patrón y le interrogó.

El patrón le dijo que un hombre, a quien no conocía, había ido al bohío por la tarde con un saco en la mano y le había dado hospedaje.

El patrón y Chimista subieron los dos al primer piso. Encontraron al hombre; lo sujetaron y lo ataron.

Eran cerca de las dos de la mañana.

Chimista interrogó al hombre, un indio que no quiso contestar nada; el patrón era partidario de ponerle fuego a los pies para que cantara.

El indio resistió sin hablar; pero a lo último confesó que le había enviado el doctor Mackra.

Como aplicando el oído se escuchaba en el interior del cuarto a la serpiente que se movía, el patrón le dijo al indio:

—Tú vas ahora a recoger a ese bicho y te lo vas a llevar, y no vuelvas más a presentarte delante de mí, porque si te vuelvo a ver te pego un tiro, sin más explicaciones.

—Cuando sea de día; de noche, no.

—Muy bien; cuando sea de día.

El indio estuvo atado hasta el amanecer. Cuando comenzó la mañana, Chimista y el patrón lo soltaron.

El indio sacó del saco que llevaba un látigo y un palo con una bayeta roja como una bandera.

Después entró en el cuarto con miedo; al ver que la serpiente se erguía le dio un golpe con el trapo rojo en la cabeza y la tendió en el suelo; luego le acercó la bolsa y enarboló el látigo. La serpiente pareció obedecer; pero al ir a meter la cabeza en el saco se volvió y le mordió en la mano. El indio, de un palo, mató al animal.

Pasó algún tiempo, y notando que no se oía nada, el patrón de la casa y Chimista entreabrieron la puerta para ver qué ocurría. Vieron la cobra muerta y al indio tendido en el suelo.

—La he matado; pero me ha mordido —dijo éste.

—Vamos a ver la mordedura. Algo se puede hacer —indicó Chimista.

—Es inútil —contestó el indio.

Chimista le puso una ligadura en el brazo al indio; ensanchó la herida y le hizo desangrar por ella.

—Has sido muy torpe —le dijo.

—Me es igual. Estaba cansado de vivir.

El indio se tumbó en el suelo y a las pocas horas había muerto.

El patrón, que miraba con desconfianza la serpiente, le aplastó a palos la cabeza y luego se la cortó para mayor tranquilidad.

III

AMIGOS Y ENEMIGOS

Después de contarme esto, me dijo Tricu que al día siguiente vendría a buscarme en un bote y me llevaría a una balandra donde nos reuniríamos con Chimista.

Efectivamente, vinieron a buscarme; embarcamos y le vi a Chimista sentado en la cubierta.

Estaba, con toda calma, leyendo un libro viejo; los viajes del capitán Martín de Hoyarsabal, habitante de Zubiburu. Nos pusimos a hablar, y Chimista manifestó su decisión de ir a ver al Vizconde y al doctor y de pedirles explicaciones.

Chimista sentía gran odio por Mackra, a quien consideraba el inspirador, el director; al Vizconde, más bien lo despreciaba.

Chimista hablaba con odio del doctor y le tenía por un verdadero miserable; era, según él, un hipócrita, embustero, serpentino, asesino de niños y de un egoísmo feroz.

—Yo voy a ser como el dragón legendario que devoraba a los monstruos —dijo Chimista exaltado.

Tricu y Chimista, que conocían a los amigos y

enemigos de la sociedad del Relámpago, hablaron de con quiénes podían contar y con quiénes no.

Los incondicionales de Chimista eran: Tricu, Therrible, el Lechuguino, Zacar, Larraspuru, Cigardi y Joshe Mari, que estaban en la balandra. A éstos se podían añadir Commoro y el doctor Jack, el cocinero.

Entre los enemigos, partidarios declarados del Vizconde y del doctor Mackra, se contaban: el Tenebroso, un francés llamado Viandon, Amarino, el brasileño; el italiano Bachi y el griego Christos Jermonakis. Este griego fue durante mucho tiempo superior de un convento dependiente del monte Athos, hasta que se escapó. Con ellos formaban un judío italiano, el negro Rosario y varios marineros recién entrados en la sociedad del Relámpago.

Hacía también causa común con Mackra y el Vizconde: un francés, Galipot; alto, corpulento, de cabeza gruesa, frente abultada, ojos pequeños y vivos y párpados que se movían constantemente.

Otro de los amigos del doctor: el Búho, hombre que tenía cierto parecido con el ave cuyo nombre llevaba; venía de los presidios de la Guyana francesa, había hecho bancarrota varias veces y estado en presidio por envenenador.

Luego formaban legión los indiferentes: negros, mulatos y asiáticos. Entre ellos se distinguía Hércules, el batanga.

El batanga Hércules, gigante prognato y morrudo, tenía un magnífico apetito y comía todo lo que le echaban. Según Chimista, éstos eran los trabajos de Hércules. Chimista se burlaba de él, y solía decir:

—Astocumea atze aldera. (El hijo de burro hacia atrás.)

Se contaba también entre los indiferentes: un malayo dayak, llamado Radjon, cazador de cabezas en Borneo. El malayo cantaba con frecuencia, con sentimentalismo, un pantún de su país que comenzaba así: «Senudoh kayudirimba.» (El rododendro es un arbusto del bosque.) Había también un Yezidiz o Yezidez, a los cuales los musulmanes conocen por Chaitan Purust (adoradores del diablo), y que ellos se llaman a sí mismos Davasen.

Aquel Yezidiz, como todos los de su secta, no citaba nunca al diablo, y las palabras Satán, el maldito, el demonio, le irritaban y le asustaban. Pensaba que el diablo tenía gran influencia en la vida y sentía por él gran temor y respeto. Odiaba el color azul, creía en una gran serpiente divina y en la transmigración de las almas.

Chimista, decidido, nos dijo a Tricu y a mí que antes de dar un golpe de mano íbamos a hacer un viaje de exploración a la quinta del doctor Mackra.

Marchamos desde Santiago, de noche, a Niquero, una aldea del golfo de Guacanayabo, cerca del cabo Cruz.

Avanzamos los tres por la manigua, a caballo, por entre la maleza, espesa y difícil de cruzar.

Al acercarnos a la finca del doctor, vimos que todas las entradas estaban convenientemente vigiladas.

—Creo que aquí nada podemos hacer, Chim —le dije.

—Nada de nombres —contestó él—. No hay que comprometerse.

Y añadió:

—Itzeac dire emeac. (Las palabras son hembras.)

Chimista intentó acercarse y explorar los alrededores de la finca; pero, en esto, se oyeron grandes silbidos, que indicaban, sin género de duda, que dentro se habían dado cuenta de que alguien rondaba la casa, y Tricu, Chimista y yo volvimos galopando hasta acercarnos al mar y entrar en nuestra balandra.

Al llegar a ella, mientras almorzábamos, Chimista me habló de los socios y encubridores del doctor Mackra. Uno de ellos era un judío, banquero, llamado Isaac Maranat, de los agentes principales del doctor.

Los judíos se mezclaban mucho en la compra y venta de negros. Algunos de ellos, entendidos en medicina, compraban por muy poco dinero negros jóvenes enfermos, que no los quería nadie, y los cuidaban, y después de tenerlos sanos los volvían a vender.

Había también algunas gentes audaces que robaban negros recién llegados y los trasladaban a algún sitio lejano de la isla y los vendían antes de que se pudiera descubrir el fraude.

Al parecer, Isaac Maranat había hecho estas dos clases de negocios. De aquí sus relaciones con los negreros.

Al mismo tiempo que el doctor Mackra compró su finca en el monte, apareció en Manzanillo el banquero Isaac, y poco después se puso una taberna en los arrabales: la taberna de Resurrección el mulato. Esta taberna, de un antiguo contramaestre, tenía mala fama. Nadie sospechó que hubiera relación entre el banquero, la taberna y el doctor Mackra.

En aquella taberna se reunían los perdidos del pueblo, los contrabandistas y los raqueros merodeadores de los cayos próximos a la entrada del río. Solía haber en la taberna campesina grandes baileteos, y los piratas y los contrabandistas se entendían con las guajiras, las mulatas y las negras.

En la taberna de Resurrección se oían con frecuencia cantos en lenguas desconocidas, y muchas veces estallaban riñas violentas, que acababan con la muerte de alguno.

—El judío Maranat es un hombre muy listo; tiene espías por todas partes. ¡Quién sabe si no estará ya enterado de que nos encontramos aquí! —dijo Chimista.

—¿Tú le conoces?

—Sí. Es un judío caricaturesco, pequeño, verdoso, viejo, con la nariz corva, prestamista y muy avaro; es el banquero de los contrabandistas. A pesar de que es capaz de todos los crímenes, es muy fanático, como israelita: no enciende luz los sábados, ni hace comida, ni come jamón. En estas cosas es intransigente. El sábado no se debe hacer nada. «¿Y si encuentra usted una pulga un sábado?», le pregunté yo una vez. «La mataré.»

«¿Y si encuentra usted un piojo?» «No, porque se puede esperar.»

—Es cómico —dije yo.

—El banquero Maranat tiene en los cuatro ángulos de la mesa de su despacho —añadió Chimista— unas cajitas cuadradas negras con pergaminos enrollados, en donde están escritas oraciones en hebreo, y saca al anochecer estas filacterias y canta inclinándose constantemente. Maranat es un tipo grotesco, con su holapanda, su gorro y sus barbas, lo que no importa para que sea un granuja. Tiene mucha antipatía por los españoles y se siente separatista. Ha hecho toda clase de chanchullos, ha falsificado billetes de lotería y ha debido reunir una gran fortuna. A pesar de sus canalladas, tiene una gran idea de su raza, y a mí me decía una vez seriamente: «Hay varias clases de judíos, en este orden: los sefarditas, los holandeses, los ingleses o epikáures, los alemanes, luego los polacos, y éstos son tan miserables que parecen cristianos.»

Chimista creía que el banquero Maranat tenía un sistema de comunicación, por medio de luces, con los barcos del puerto y con la taberna del mulato Resurrección, quien a su vez debía comunicarse con la finca del doctor Mackra.

Chimista no quería quedarse a pasar la noche ni en Manzanillo ni en Niquero. Decidió salir en la balandra e ir directamente a verse con el Vizconde o con el doctor.

Al día siguiente, al anochecer, salimos en la balandra Chimista y yo con todos nuestros vascos y nos dirigimos a remontar el Cabo Cruz, y estuvimos anclados antes de llegar a Santiago hasta que se hizo de día.

Chimista parecía preocupado; sin duda no sabía qué decisión tomar. Yo le veía, sentado a popa, envuelto en una capa de paño ligero, fumando y mirando el mar.

Al llegar la mañana se decidió; mandó levar el ancla y nos dirigimos hacia la punta de Maisí.

IV

A LA BOCA DEL LOBO

La Sierra Maestra forma parte y es como la espina dorsal de la parte Sur de la isla de Cuba. Este macizo montañoso corre formando una costa alta y acantilada, extendida paralelamente a lo largo del mar, desde el Cabo Cruz hasta la punta de Maisí.

La cordillera, antes llamada de Macaca, tiene varias sierras: la Maestra, cerca del Cabo Cruz; la del Cobre y otras menos elevadas hacia la bahía de Guantánamo. Al mismo macizo montañoso pertenecen las Cuchillas de Baracoa.

Los picos culminantes de estas montañas son: el de Turquino, el Ojo del Toro y la Gran Piedra de la Sierra del Cobre, que tiene en su cúspide un gran monolito.

La Sierra Maestra, la cordillera más importante de Cuba, en conjunto, es árida y escarpada y presenta contrastes, cumbres y riscos y profundos barrancos, en cuyo fondo corren torrentes impetuosos que van abriéndose paso y disgregando las zonas de terreno blando de las montañas.

Esta sierra, en parte árida y en parte fragosa, tiene bosques en las alturas, y en las faldas grandes ingenios de caña de azúcar y de tabaco.

El pico más alto de la sierra es el de Turquino, cumbre colocada en la parte occidental de la cordillera.

Desde él se divisa la isla de Jamaica, Manzanillo, Yara y Bicana, hacia el Cabo Cruz, en donde se destaca el pico conocido con el nombre de Ojo del Toro, de forma cónica y de aspecto volcánico.

Por todas estas sierras se ven estrechas gargantas y despeñaderos, bloques hechos pedazos, grietas y cuevas. Las montañas parecen decrépitas, minadas.

Estos montes carcomidos, llenos de gargantas, tienen en parte una vegetación formada por pinos, caobas, cedros y otros árboles de maderas ricas; en los barrancos nace la maleza intrincada.

La vertiente meridional de la Sierra Maestra termina en una estrechísima faja lateral, que en algunas partes de la costa se convierte en un paredón.

Estuvimos contemplando desde el barco el monte. Se veía, primero, la costa blanca; luego, llanuras verdes; después, las colinas pardas, y más lejos, montes altos envueltos en nubes. Me dijo Chimista que en aquellos montes, en las alturas, solía haber escarcha. En las estribaciones de la Sierra Maestra estaba la finca del doctor Mackra, pero ni la casa ni la torre blindada se divisaban desde allí; debían estar en lo alto y hacia la parte de tierra.

Le pregunté a Chimista hacia dónde enderezábamos el rumbo.

Fuimos dando bordadas cerca de la cornisa de la costa y nos detuvimos un momento en una garganta o barranco que se abría entre los montes.

—Por aquí, según parece, hay un camino para marchar a la propiedad del doctor, que no lo conocen más que algunos amigos suyos.

Efectivamente, una hendidura se abría en la cornisa de la Sierra Maestra al borde del mar, y esta hendidura tenía un pequeño ancladero para botes y barcos de poco tonelaje. No se veía camino, pero por allí debía comenzar.

Seguimos adelante por la parte costera, y ya entrada la noche remontamos la punta de Maisí y llegamos a la comarca de Baracoa en el canal de Bahama.

En esta zona del canal de Bahama, hay en la costa una serie de terrazas rodeadas de altos farallones o paredones calcáreos, llamados las Cuchillas de Baracoa, donde se encuentran muchas cuevas. Estas cuevas contienen restos de indios siboneyes y caribes procedentes de algunas de las islas de las pequeñas Antillas.

En tales cuevas de los indios siboneyes tenían su refugio las tripulaciones de los barcos piratas y contrabandistas del Sur de la isla.

Fondeamos de noche en un punto que indicó Chimista. Tomamos un bote, y saltando de piedra en piedra llegamos a un camino en escalera terminado en una cornisa.

La cornisa, o camino escarpado pendiente, al

borde del mar, era difícil de recorrer. Imposible que una tropa pudiese pasar por allí, o, de pasar, tenía que ir uno a uno, en fila india. De poner los piratas un centinela, nadie podía entrar en sus dominios sin que lo advirtieran. Había un centinela; Chimista lo conocía y nos dejó pasar.

Pasamos nueve hombres, los nueve armados a una covacha con una poterna. La empujó Chimista y entramos en otra cueva grande.

Era un ámbito espacioso con una ancha nave; podían caber quinientas o seiscientas personas. Las estalactitas formaban gruesas columnas blancas. En un rincón de la cueva brotaba una fuente y caía formando un torrente, en el techo se agitaba una nube de murciélagos.

Los contrabandistas estaban allá en distintos grupos. A su alrededor se veían cajas, grandes fardos y barricas. Aquello era como un inmenso almacén.

Entre esta gente, unos dormían, otros jugaban a las cartas sobre una mesa de tablas a la luz de una vela, otros tocaban la guitarra y cantaban. Alguno se componía los pantalones y otro hacía pajaritas de papel. Por el interior pasaba gente llevando en la mano un farol.

Chimista llamó a todos dando palmadas y se puso a hablar con aire de decisión y de mando.

Yo no entendí bien lo que dijo; hablaba en un inglés incomprensible para mí, pero observé que los hombres estaban amilanados delante de él. No se atrevían a replicar ni tampoco a atacarnos; oían las frases de Chimista como perros azotados.

La cueva era grande y no se veía a todos los que estaban en ella.

Al Vizconde se le oyó a lo lejos que cantaba su canción favorita:

> Au jardin de mon pere.
> ¡Vive l'amour!
> Un oranger il y a.
> ¡Vive la rose!
> Un oranger il y a.
> ¡Vive la rose
> et les lilas!

Después, a medida que se acercaba, cantó la misma canción arcaica y sentimental con esta variante:

> Au jardin de mon pere.
> ¡Vive l'amour!
> Un oranger il y a.
> ¡Vive la rose!
> Un oranger il y a.
> ¡Vive la rose
> et le damas!

Yo había visto al Vizconde asomarse por un rincón de la cueva con una expresión inquieta, decidida y sombría.

Probablemente Chimista lo había visto también y preguntó:

—¿Qué hace el Vizconde? ¿Qué hace ese miserable cobarde?

Cuando se presentó el Vizconde en la cueva, sonreía con una sonrisa alegre.

—¿Qué hay, Capitán? ¿Por qué se incomoda usted por cosas que no tienen importancia?

—No tendrán importancia para usted. Se me ha querido asesinar dos veces.

—¿Por quién?

—Usted lo sabe tan bien como yo. Por las gentes que manda ese miserable de su amo.

—Yo no tengo amo.

—Usted ha colaborado en eso como en todas sus canalladas.

—Es usted gracioso, Capitán.

—Soy algo más que eso y vengo aquí a pedir cuentas.

—Nosotros tenemos también que pedirle cuentas a usted.

—¿De qué?

—De su traición a la sociedad. Es usted el mayor bandido, el más canalla de todos.

El Vizconde se apartó vomitando insultos. Su amigo Viandon sacó un cuchillo y lo empuñó; el Vizconde, que llevaba en la mano una cuerda delgada, se retiró unos pasos con decisión y en este momento dio un grito y cayó al suelo. Chimista, por debajo de la capa, le disparó un tiro; todos nosotros sacamos inmediatamente pistolas y puñales, dispuestos a comenzar la lucha.

El Vizconde estaba en tierra, con el pecho agujereado. Chimista, por lo que dijo después, había notado que llevaba en la mano un lazo, y que estaba a punto de echárselo a él al cuello y por eso le disparó.

A Viandon, el defensor del Vizconde, Tricu le desarmó de un palo. Al caer el Vizconde sus partidarios fueron a tomar las armas, pero a lo último se tranquilizaron.

Sólo uno de nuestros vascos, que al parecer tenía una antigua enemistad con un marinero de los partidarios del Vizconde, no cejó. El y su

enemigo, los dos rojos y furiosos de ira, con los
ojos inyectados, se atacaban a cuchilladas, y un
ronquido sordo salía de sus gargantas.

Chimista se interpuso entre los dos con la pistola en la mano y les mandó alejarse.

Chimista, dueño de la situación, ordenó que
se retirara el cuerpo del Vizconde, ya moribun-
do, y llamó a todos los marinos enemigos suyos.
Les dijo que ya no había tregua posible entre
ellos. Les explicó lo que hacía el doctor Mackra
con los negros, cómo mataba a los niños para
beber su sangre y devorar sus entrañas, cómo le
perseguían a él a traición y sin dar la cara. Muchos de los marinos reconocieron que Chimista
obraba con motivos fundados.

Después se celebró una junta, en la que se discutió qué es lo que había que hacer; algunos se
mostraban partidarios del doctor Mackra, lo consideraban como un jefe hábil, que les había diri-
gido siempre bien. Estos decían que las acusacio-
nes contra el doctor eran fantásticas, y aun en el
caso de que fuesen reales, a ellos, después de
todo, no les importaba nada.

En la junta se quedaron conformes en seguir
haciendo el contrabando como hasta entonces.
Chimista citó a todos para la semana siguiente,
en que se volverían a encontrar. Uno de los marineros a quien llamaban el Chuan, francés de la
Vandee, alto, moreno, y de pelo largo, se pasó
al partido de Chimista, porque dijo que lo que
se había contado del doctor le repugnaba extraor-
dinariamente. El Dayak Radjon vino también con
nosotros.

Los amigos de Chimista, con el jefe a la cabeza, salimos de la cueva, tomamos el bote, y en vez de entrar en nuestra balandra subimos a bordo de una goleta, allí fondeada.

Chimista me dijo que estaba dispuesto en aquella misma noche a llegar a la casa del doctor Mackra, acercándose a ella por la hendidura que daba al mar, y matarlo.

El Chuan tenía algunos datos sobre la casa del doctor. Al parecer, podía subirse hasta la finca por un camino estrecho que iba por la cortadura del monte.

El Chuan sabía que a veces, cuando tuvieron que dar al doctor recados urgentes, fueron por este camino que marchaba de la costa hasta el monte donde estaba la finca, y al llegar a la torre le avisaban al doctor haciendo con los labios tres veces un chirrido como el de las lechuzas. El camino desde el mar a la finca pasaba por un gran barranco o desfiladero, y en lo más alto se hallaba cruzado por un puente levadizo.

—¿Ahora qué hacemos? —le pregunté a Chimista.

—Ahora vamos a ver si encontramos al doctor, y acabamos de una vez con esos miserables —me contestó él.

Tricu, que sentía gran antipatía por el Vizconde, celebró que Chimista le hubiera tumbado; Chimista dijo:

> Francesaren sarrera
> arroa ta erguela,
> urtutzen da bereala.

(La prestancia del francés, orgulloso y fatuo, se deshace en seguida.)

V

LA FINCA DEL DOCTOR

Según nos dijo el Chuan, la casa del doctor Mackra estaba encima del potrero sobre una loma que lo dominaba. Era un edificio grande, rodeado de una huerta con una alambrada de estacas y tela metálica y con una azotea aspillerada. De la huerta se subía por un camino en cuesta al torreón, donde el doctor se encerraba de noche. A poca distancia, hacia abajo, se veían campos de caña de azúcar, con chozas de los negros, y más abajo aún, ya en la vega, cafetales.

La torre cuadrada del doctor estaba hecha con bejucos y con paredes de barro, y en la parte de arriba, con láminas de hierro sacadas de restos de un buque.

El doctor Mackra había hecho este torreón con la idea de dedicarlo a observatorio astronómico; después solía ir a dormir a él.

El doctor tomaba muchas precauciones para que no le pudieran sorprender en su refugio; las puertas y ventanas eran de hierro, no había ninguna posibilidad de subir a esta torre por fuera;

la parte de arriba quedaba completamente aislada. Todas las noches, al ir a acostarse el doctor Mackra, con un proyector de petróleo observaba el raso de los alrededores de la torre.

A pesar de las dificultades que le expusieron, Chimista se decidió a seguir adelante. Avanzamos de noche con la goleta por la costa a buscar la cortadura de entre los farallones que conocía el Chuan.

—Habrá que pensar bien lo que se hace —le dije yo a Chimista—. La empresa me parece difícil.

Chimista tomó sus disposiciones; él quería desembarcar, subir por el camino, llegar a la torre del doctor, llamarle, y cuando se asomara dispararle unos cuantos tiros; el Chuan advirtió que el doctor Mackra tenía en su torre una campana y que cuando oyera tiros de fusil, si no quedaba muerto, comenzaría a tocar la campana para llamar a su gente.

—Bien, que llame.

El Dayak, que había estado en Sumatra, contó que en aquella isla los indígenas solían lanzar con cerbatanas unas bolitas venenosas, llenas de pinchos, que envenenaban y mataban; otro de nuestros marineros, Joshe Mari, nos dijo que él había conocido un indio caribe que cazaba con una ballesta hecha con una lámina de acero y un tubo de escopeta con su culata, y que llegaba muy lejos con su aparato. Cargaba la ballesta con una palanca y envenenaba la flecha con curare. Había conseguido tener una gran puntería. Daba en el blanco a distancias de cincuenta y sesenta varas y mataba en silencio.

Chimista nos habló del curare y nos dijo que conoció a un indio, de la cuenca del Orinoco, que cazaba impregnando sus flechas con curare. Tenía una calabaza pequeña con este veneno. Según Chimista, el curare del Orinoco, al que los indios llamaban urari, era el más venenoso, pues estaba hecho a base del Strichnos Toxífero.

Después de dar estas explicaciones, dijo:

—Nada de esto nos interesa por ahora.

—¿Has pensado bien lo que vas a hacer? —le volví a preguntar a Chimista.

—Sí; todo está pensado. El que no quiera se puede estar en la goleta.

—Ya sabes que lo que digo no es por eso.

—Ya lo sé.

Todos aseguraron que estaban dispuestos a seguirle. Había luz de luna; para las dos de la mañana llegamos a la cortadura, cauce profundo que atravesaba perpendicularmente varias secciones paralelas de la montaña.

—Ahora, ¿qué hacemos?

—Vamos a dejar la goleta aquí anclada, y el bote lo llevaremos dentro de la garganta, y se quedará allí donde ya no hay luz de la luna. Si alguno viene no lo podrá ver.

En la goleta se quedarían el doctor Jack, Zacar y el dayak, que ninguno era muy ágil. Chimista hizo que se bajara el bote al agua y cargó algunas vituallas, armas, un paquete de cuerdas, hachas, palancas y herramientas.

Chimista comenzó a dar sus órdenes, con tal seguridad, que los que íbamos con él pensamos que todo lo llevaba calculado y previsto, lo que no era así, pues iba a la buena de Dios. Chimista vivía con energía en aquel momento; todas sus facultades estaban puestas en lo que hacía. Se veía que cada detalle constituía para él un problema importante; yo no me ocupé más que en dirigir el bote hacia el pequeño desembarcadero.

Los que acompañábamos a Chimista corríamos, probablemente, los mismos peligros que él; él sabía lo que hacía y por qué lo hacía, y vivía con intensidad aquellos momentos de peligro. Nosotros confiábamos en su inteligencia.

La goleta quedó anclada a una milla de la costa.

VI

LA INTENTONA

Nos acercamos al pequeño desembarcadero. Se veía un tronco de árbol y quisimos aprovecharnos de él. Tricu pretendió asegurarse de la solidez del tronco y le dio un golpe con el remo.

El supuesto tronco de árbol era un inmenso caimán.

Al sentir el golpe del remo agitó la cola y estuvo a punto de derribar a Tricu. El gran monstruo se escondió y pudimos desembarcar sin ningún obstáculo.

Se decidió que un marinero, Joshe Mari, quedara en el bote y los siete hombres restantes comenzamos a marchar por el barranco arriba.

Era una enorme grieta, siniestra, en aquel momento iluminada por la luna. Aquella hoz hubiera producido a cualquiera, no acostumbrado a la altura y al mar, el vértigo.

El barranco tendría unas tres millas de largo; probablemente había sido hecho por el arroyo que bajaba del monte. En algunas partes la gargantas se convertía en una hendidura con paredes de cincuenta y sesenta metros. El camino, estrecho, no dejaba pasar a más de dos hombres; en algunos sitios se convertía en una verdadera vereda de cabras.

Metidos en aquella angostura y atacados allí, la situación iba a ser muy peligrosa. Por otro lado, si alguien nos atacaba no podría tampoco hacerlo cómodamente; así que los inconvenientes y las ventajas estaban, en parte, compensados.

Había que subir despacio, arrimándose siempre hacia el cantil y alejándose del borde del despeñadero, que podía desmoronarse y arrastrar en su caída a una persona. Afortunadamente, la luna iluminaba la senda; al pasar nosotros se oían nuestras pisadas y el rodar de las piedras en el abismo.

Al detenernos no resonaba en la garganta más que el murmullo del arroyo que bajaba de la sierra y corría en el fondo.

Aquel pequeño arroyo había ido serrando las rocas blandas, ahondando las grietas y haciendo que las paredes fueran desmoronándose.

Al final del camino y a una hora de marcha, encontramos una cornisa y después un vacío, un precipicio de siete a ocho metros de ancho y de treinta o cuarenta de profundidad. Era imposible pasar. Al otro lado se veía un puente levadizo, levantado en posición vertical, y cerca del puente levadizo una choza en donde, sin duda, vigilaba un guardián.

Chimista debió quedar defraudado al ver la anchura del desfiladero y el puente. Se asomó al abismo. En la oscuridad no se veía su fondo. Era infranqueable. Como no estaba dispuesto a cejar ni a dar su brazo a torcer, hizo que varios de nosotros intentáramos echar una cuerda y ver de engancharla en los tablones del puente levadizo.

No era la cosa fácil, ni mucho menos; pero se intentó la maniobra, sin esperanza de conseguirlo. Cuando ya, cansados, íbamos a dejarlo, quedó la cuerda enganchada. Se tiró de ella. Estaba fuerte, no cabía duda.

El mismo Chimista se decidió a lanzarse al abismo. En aquel momento, a la luz de la luna, aparecía pálido, ceñudo, con un aire de decisión y de energía.

Nos dijo que sujetáramos el extremo de la cuerda libre; lo sujetamos entre todos y se lanzó al vacío. Lo vimos poco después al otro lado de la quebradura, pasó algún tiempo y oímos ruidos varios, como de lucha, y el puente levadizo comenzó a bajar lentamente hasta quedar en posición horizontal. Entonces pasamos por él.

—¿Qué has hecho? —le pregunté a Chimista.

—He acogotado a un negro que está aquí, sin duda, de guardia del puente, y lo he atado. Vamos, adelante. El plan va a ser éste, aquí se tienen que quedar dos hombres, para que con las palancas nos desarticulen estas tablas del puente y se queden sueltas.

—¿Con qué objeto?

—Con el objeto de que al volver las tiremos al fondo del abismo y no puedan pasar por ellas los que nos quieran perseguir.

Commoro y Cigardi, que tenían mucha fuerza, quedaron encargados de destruir el puente levadizo, cortar sus cuerdas, que se arrollaban en un torno, quitarle un contrapeso, desarticularle de su eje y dejar los dos grandes tablones sueltos para poder pasar, y después de haber pasado, tirarlos al fondo del barranco. Al mismo tiempo vigilarían al negro para que no se librase y fuese a dar la voz de alarma.

—Nosotros, ¿qué hacemos ahora?

—Nos acercaremos a la torre. El Chuan llamará haciendo tres veces un chirrido como el de la lechuza. Tricu y Therrible, que tienen muy buena puntería, estarán agazapados, y cuando salga el doctor a la azotea le dispararán dos tiros. Inmediatamente que tú oigas el tercer grito de la lechuza y los disparos, echas una gran cantidad de pólvora sobre un montón de caña, le pegas fuego y te retiras hacia el puente, para pasar al otro lado. ¿Estamos?

—Sí. Y tú, ¿qué vas a hacer?

—Yo iré inspeccionándolo todo.

Me acerqué, como me había dicho Chimista, a la torre del doctor, despacio, acogiéndome a la sombra de la luna. Llevaba un gran frasco de pólvora en la faja, regué con su contenido la parte de abajo de un montón de caña seca, hasta vaciar el frasco, y preparé varios trozos de yesca.

Chimista fue, según me dijo después, a ver cómo seguían en su obra Commoro y Cigardi. En un cuarto de hora, haciendo grandes esfuerzos, arrancaron entre los dos los grandes tablones que hacían de puente levadizo de su eje, y los pusieron cruzando el abismo, y atados con una cuerda. Después de esto, Chimista colocó sus dos tiradores, con sus rifles, en la estacada y le indicó al Chuan que se acercara a la torre.

Se oyeron los tres chirridos de la lechuza, una voz en la torre e inmediatamente dos tiros. En este momento yo encendí un trozo de yesca, lo lancé sobre el reguero de pólvora y el montón de caña seca comenzó a arder chisporroteando, con unas llamas tan furiosas que parecía que la torre y el monte iban a desaparecer incendiados. Al mismo tiempo se comenzó a oir la campana de la torre.

Yo eché a todo correr hacia el puente; lo cruzaron los nuestros uno tras otro, e inmediatamente echamos los dos tablones al fondo del abismo.

Algunos hombres de la finca del doctor, al oir la campana y los tiros, habían ido, sin duda, a apagar el incendio y a enterarse de lo que pasaba.

Nosotros comenzamos a bajar el sendero. Al principio estaba oscuro, la luna no lo iluminaba y era peligroso marchar corriendo.

—Vamos despacio —dijo Chimista—, nadie nos sigue.

Fuimos marchando lentamente, tanteando.

Al llegar a una parte del camino la luna lo esclarecía de lleno, y los hombres del doctor Mackra, que sin duda se habían dado cuenta de lo pasado, nos soltaron una descarga cerrada; afortunadamente no hirieron a nadie.

—Hay que ir uno a uno —dijo Chimista, porque había otra gran parte del camino iluminada por la luna.

Efectivamente, al llegar a aquellas zonas claras se destacaba uno, echaba a correr, y, mientras tanto, los demás disparábamos sobre los que nos disparaban.

Chimista tenía miedo de que las gentes del doctor nos atacaran por otro punto. No conocía el terreno y podía haber alguna vereda por donde nos cortaran el paso.

—Id ahora despacio y con seguridad —nos dijo—; en la primera revuelta esperaréis preparados, atrincherados y con las armas cargadas; yo iré dentro de media hora.

Fuimos bajando por la cornisa y nos atrincheramos en un punto. Chimista esperó, tendido en el suelo, observando por todas partes. Se veía en el cielo el resplandor del incendio.

Cuando pasó la media hora Chimista comenzó a bajar despacio.

—¡Eup! —gritó.

—¿Quién va? —pregunté yo—. Eres tú, Chim?

—Sí, nadie nos sigue, podemos bajar tranquilamente.

Seguimos marchando por la cornisa, en fila india.

—¿Se permite? —preguntó de pronto Therrible, enseñando a Chimista una flauta de hoja de lata.

—Sí; ahora, sí.

Therrible comenzó a tocar la marcha de Oriamendi. En la noche negra y silenciosa aquellas notas saltarinas hacían un efecto de desafío. Al acercarnos al puertecillo y oírlas desde el barco, Zacar y el doctor Jack levantaron los brazos y gritaron con entusiasmo:

—¡Eclair!   ¡Eclair!   ¡Adelante!   ¡Adelante! ¡Hurra!

Los demás contestaron al hurra, pero Chimista no parecía estar del todo satisfecho ni tranquilo.

—No sé si habrá muerto ese hombre —me dijo—. Esta noche hemos andado muy cerca de que nos pase algo gordo. ¿Tú no tenías miedo?

—Así, así. Tú no parecías tenerlo.

—Eres un psicólogo —me dijo, no sé si en serio o en broma—, no te dejas llevar por la imaginación.

—Haya muerto o no haya muerto, el ataque le habrá dado al doctor un miedo espantoso.

—Eso sí, es verdad; pero podemos nosotros también andar con cuidado, por si acaso no ha muerto. Ese hombre tiene mucho poder.

—Aun así le hemos dado un buen disgusto, la cosa ha salido bien. ¿En qué te fiabas para hacerla?

—Me fiaba en mi estrella —dijo Chimista.

Al llegar al pequeño embarcadero entramos en el bote, cogimos los remos y nos acercamos a la goleta.

La goleta puso el rumbo a Jamaica. Llegamos a Puerto Antonio, y de Puerto Antonio marchamos a Kingston. En Kingston Chimista vendió la goleta. Luego quiso dejar en seguridad a su gente, y después de pagar a todos con esplendidez, fue colocándolos en distintos buques. Commoro, Tricu y yo y los demás vascos nos dimos cita en la ciudad de San Francisco. Iríamos en distintos grupos.

Poco después, encontrándome yo en el Perú y Chimista en California, supe que, al Sur de la isla de Cuba, habían capturado los ingleses un barco de contrabandistas y de piratas. Tiempo más tarde me enviaron de San Francisco un artículo de un periódico yanqui, sobre una asociación de piratas mandada por el capitán Relámpago, que también se llamaba Barba Roja. El artículo era una colección de fantasías folletinescas; cuando me fijé en él vi que había al margen una nota que decía: Escrito por el mismo Chim.

TERCERA PARTE

EN EL PACIFICO

I

LOS GAMBUSINOS EN PANAMA

No se sabía nada del doctor Mackra; Chimista, indudablemente le tenía miedo y quería alejarse del lugar de la acción.

—A este hombre, confieso que le temo —me dijo—; es uno de los más grandes canallas que he conocido, capaz de todo.

—¿No crees que habrá muerto?

—Espero que sí.

Le pregunté otra vez si creía lo que se decía de él, sobre todo de su antropofagia, y me dijo que para él no tenía duda.

Chimista, por algún tiempo, quería navegar en el Pacífico para dejar que se olvidaran sus hazañas en las costas atlánticas.

Embarcamos en un buque que iba a Aspinwal, Chimista, Commoro y yo. A los tres días se largó el ancla en la bahía. Colón o Aspinwal, distaba una legua del río Chagres. Aspinwal tendría entonces unas cuantas casas, todas de tabla, del mismo estilo de las que se usaban en California. Aspinwal no era un pueblo, sino un grupo de factorías. En cuanto pisamos tierra, fuimos los tres a parar a la posada de la Cometa.

Pensábamos estar hasta las ocho de la mañana, hora en que nos pondríamos en camino para Gorgona. En la misma noche llegaron de California ochocientos pasajeros de ambos sexos, y los hoteles y posadas se llenaron con toda aquella gente. Unos iban con mucho oro en pepitas, metido en morrales o en el cinturón; otros, llevaban un bolsillo atado a la muñeca.

Durante la noche armaron en nuestra fonda dos bancas para jugar a las cartas, apostando puñados de oro. Chimista se puso a jugar y, según supe después, ganó más de mil duros. Yo, cansado, me retiré a dormir; pero el calor insoportable, los mosquitos y los jejenes le acribillaban a uno el cuerpo y no se podía cerrar los ojos.

A eso de las dos de la mañana se comenzaron a oir tiros, y hubo gran alboroto en la casa. De cuando en cuando se oía decir: ¡Quil, ay de mí! ¡Socorro! ¡Me han asesinado!

Yo salté de la cama, encendí una vela, rompí una silla de una patada y atranqué la puerta con el palo. Después cargué las pistolas. La puerta no era muy fuerte. Alguien la empujó y metió la mano por la hendidura. Entonces yo apunté a la mano y la atravesé de un balazo. Se oyó un grito de dolor, y quedó una mancha de sangre en la pared y en el suelo.

Estuve después de centinela en la puerta, armado, hasta que aclaró el día, en que apareció un criado, que me dijo que podía bajar a tomar café, porque en la posada no quedaba nadie. Salí con mis pistolas, por si acaso.

Estaban llevando en parihuelas a unos cuantos gambusinos, asesinados en sus mismas camas para robarles.

Me encontraba intranquilo, pensando en Chimista y Commoro, cuando se presentaron los dos.

Chimista dijo que habían ido a dormir a una casa de las afueras, tranquila y sin ruido. Hablamos de las muertes ocurridas por la noche. No se sabía quiénes eran los asesinos. Como en aquella época no existía policía en Colón, esta clase de crímenes, muy frecuentes, quedaban siempre impunes.

Salimos en seguida de Aspinwal, y al mediodía llegamos a Gorgona; teníamos que navegar cuatro leguas por la ría en una chalana, hasta una aldea llamada Barbacoa. Hacía un calor sofocante. Nos ajustamos por dos duros cada uno. Navegamos durante la noche, y al llegar a Barbacoa alquilamos cinco mulas para atravesar el istmo montados a caballo: tres, para nosotros; una, para el guía, y otra, para el equipaje. Por cada mula, hasta Panamá, nos cobraron treinta duros.

Al día siguiente, al abrir la mañana, montamos en nuestras mulas, con dos prácticos, hombres del país: uno a pie y otro a caballo. El calor era aún mayor.

Ibamos entre zarzales, barrancos y espesos bosques de cocoteros. A veces, las mulas se metían en lodazales hasta el vientre, sin poder caminar.

Al cruzar un pantano me caí yo al fango con mi mula, y entre los cinco no pudimos levantar al animal. En esto aparecieron seis hombres del país, tipos de mestizos, bronceados, sospechosos, de mal aspecto, armados de pistolas y puñales, y quedaron parados contemplando nuestros esfuerzos. Chimista les dijo con voz tranquila:

—Si ustedes tienen la bondad de ayudarnos a levantar este animal, se les gratificará.

No hicieron caso y continuaron mirándonos con indiferencia. Nuestros guías temblaban de miedo.

Chimista volvió a decirles de una manera amable:

—¿No quieren ustedes ayudarnos en la faena?

De pronto se acercaron a nosotros, y entre todos sacamos la mula del fangal. Chimista les dio una media onza del bolsillo y les dijo:

—Para beber a nuestra salud.

Uno de ellos la tomó, y sin dar las gracias montaron a caballo y desaparecieron. Según nos dijeron los criados, aquellos hombres eran salteadores de caminos y habían cometido muchas muertes.

Uno de los guías afirmó después que Chimista había hecho a aquellos bandoleros una seña masónica, y que al notarla cambiaron de actitud. Yo no advertí nada de esto.

Llegamos a Panamá, pueblo triste y pequeño. Entonces esta ciudad tenía grandes alternativas en su población; de pronto, cuando entraban los barcos yanquis, se encontraba llena; poco después estaba vacía. Toda la gente que llegaba a Panamá de la América del Norte eran aventureros, jugadores y borrachos; no pasaba día sin que amanecieran en la calle cuatro o seis muertos; las mujeres, tan agresivas o más que los hombres, por cualquier cosa se daban de puñaladas.

Nos quedamos en Panamá algunos días y buscamos colocación en distintos barcos.

Chimista quería marcharse a San Francisco de California, donde se había instalado Dolly.

Yo encontré colocación en un barco que iba también a San Francisco a llevar víveres y arroz; me asignaron un sueldo de ochenta duros al mes y la mesa libre; el buque llevaba bandera peruana, y el cónsul de este país me despachó en seguida. Chimista vino conmigo. Nos hicimos a la vela y nos dirigimos a San Francisco. Chimista me dio las señas de su casa.

Pensaba quedarse allí. Estuve comiendo con Chimista y Dolly. Chimista hablaba el inglés como un americano, y como un americano del Far West. Tenía, indudablemente, mucho oído y muchas condiciones para imitar los distintos acentos.

A los dos días de llegar me encontré sin un alma en el barco; el mozo de cámara, el cocinero, el contramaestre y todos los marineros se escaparon a las minas de oro; fui a ver a Chimista, y después al consignatario, que se echó a reir.

—¿Y qué hacemos ahora? —le pregunté a éste.

—Descargaremos el buque con jornaleros, lo amarraremos en la bahía y escribiremos al dueño que disponga de él. Es todo lo que se puede hacer. Aquí hay más de cien fragatas, de todas las naciones, abandonadas y sin tripulación.

—¿Se podrá comprarlas muy baratas?

—Sí, por muy poco dinero; pero el agenciarse una tripulación es dificilísimo.

II

EN TAHITI

A la semana de estar en San Francisco me preguntaron cuánto quería por llevar la fragata Adamante hasta Valparaíso. Pedí mil duros, aceptaron y quedó la fragata a mi disposición. El barco se hallaba listo y en lastre; llevaba bandera de Chile.

Durante la travesía cruzamos muchos balleneros y presencié varias veces la pesca de la ballena. Por todos aquellos mares se veían grandes bandadas de pájaros, negros como el azabache; solíamos pescar también peces parecidos al atún, llamados albácoras.

Al llegar a Valparaíso entregué la fragata a su dueño, un señor Vargas, antiguo ministro de Hacienda, de Chile. Este señor se empeñó en que yo siguiera mandando el buque. Se le aforró de cobre nuevo y se le dio de nombre La Estrella.

El barco iba a hacer un viaje a la Australia. Días antes encontré en un café de Valparaíso a un capitán yanqui que venía de Melbourne y hablé con él. El capitán era partidario de ir a la

Australia por el Cabo de Hornos, punto que yo no recordaba con gran placer; pero, a pesar de ello, me decidí a tomar esta ruta.

Me parecía que, desde que me separaba del lado de Chimista, volvía otra vez a la vida ramplona y vulgar y que nada me salía bien.

Partí de Valparaíso, y al segundo día dimos vista a la isla de Juan Fernández, isla desierta, en donde no hay más que ganado. Cuarenta leguas al Occidente de Juan Fernández mandé poner la proa al Cabo de Hornos, esperando que después de pasar Valdivia vendrían los vendavales y los temporales fuertes de nieve.

Crucé el Cabo de Hornos sin novedad y comencé el larguísimo viaje a la Australia. Llegué a la bahía de Melbourne, arreglé mis cuentas con el consignatario, embarqué de noche cuarenta mil duros en onzas mejicanas y emprendí el regreso.

La vuelta no tuvo tampoco dificultad, y fondeé en Valparaíso sin ningún percance.

Mi armador, con el dinero que le entregué, volvió a comprar catorce mil quintales de harina para Australia. Yo no sabía si seguir la misma ruta, porque, a pesar de que nuestro viaje se había realizado felizmente, el piloto y la mayoría de la tripulación estaban dispuestos a abandonar el barco si se hacía la derrota por el Cabo de Hornos.

Algunos capitanes me recomendaron que tuviese prudencia, porque mi buque, viejo y recompuesto, no estaba tan fuerte como a mí me parecía, y el Cabo de Hornos no se presentaba siempre completamente amable.

Decidí, pues, seguir con mi piloto y con la tripulación y cambiar de ruta. En este viaje mandé gobernar al Noroeste, a pasar cerca de las islas San Félix y San Ambrosio, que se hallan en el paralelo de Copiapó, distantes de tierra ciento setenta leguas. Me acerqué al archipiélago de La Soledad, con sus dos grupos de islas, las de Sotavento y las de Barlovento.

Me detuve en Tahití para hacer la aguada. Tahití es una isla montañosa que en el mapa parece una pala para jugar a la pelota. La isla tiene como una prolongación en la península de Taiarapo. Leí en mis libros que esta isla había sido vista por primera vez por Quirós, y después reconocida por Domingo de Bonaechea, hijo de Guetaria, capitán de fragata de la Real Armada que salió del Callao en 1772 a estudiarla. Bonaechea levantó planos, reconoció la costa y murió y fue enterrado en el mismo Tahití en 1775.

Como los habitantes de las islas son muy trabajadores, los buques peruanos trataron de llevar indígenas de Tahití al Perú en la primera mitad del siglo xix; pero el Gobierno francés, que tenía el protectorado de las islas, lo prohibió. Un paisano mío que mandaba un barco de éstos fue perseguido por los buques de guerra franceses y cayó prisionero, y estuvo más de un año preso, hasta que se escapó de noche en un barco ballenero.

En Tahití esperé algún tiempo para la aguada, y dos marinos del barco, un piloto y un contramaestre, que comenzaron a galantear a dos muchachas de Papeete, se les ocurrió unirse con ellas simulando un matrimonio.

Uno de los marineros representó la comedia haciendo de cura con muchos gestos y ademanes melodramáticos, y luego dio a las muchachas unos trozos de periódicos, para que los guardasen, como si fueran las actas matrimoniales.

A mí me pareció feo e indigno el engañar así a las dos muchachas; pero los marinos me dijeron que era cosa muy frecuente entre los europeos que pasaban por allí.

—Peor para los europeos —dije yo.

Mi oficio no era moralizar, y no dije más.

Luego que dejamos Tahití me dirigí hacia Sidney y después hacia el Sur, a remontar el Cabo Howe, y de esta punta entré en el puerto de Melbourne, donde pasé dos semanas. Terminada allí la descarga, salí de nuevo de Melbourne para Valparaíso y tardé en el viaje cuarenta y cuatro días.

III

CONTRABANDISTA

De Valparaíso tuve que marchar a Valdivia a dejar allí la fragata para carenarla. Varias veces fui de Valparaíso a Valdivia.

Valparaíso era entonces una población sobre una serie de alturas y de barrancos rojos, que se extendían en anfiteatro alrededor del estuario.

Ocupaba la ciudad una estrecha faja de terreno circundando el puerto.

Había una parte llana que llamaban el Plan, donde vivían los ricos, y luego el caserío de los cerros, en el cual habitaba gente pobre del pueblo, a la que decían los rotos.

Estos altos de Valparaíso eran colinas volcánicas, y sus barrios estaban formados por casuchas bastante miserables.

Cerca del puerto había un arrabal de gente de mal vivir, y a su espalda otro de chinos y filipinos.

Los filipinos solían casarse con las indias chilenas, generalmente mestizas, a las que se llamaba en el país desdeñosamente chinas.

Cuando al marinero filipino se le acababa el dinero, encontraba otro marino paisano suyo recién llegado del país y con dinero fresco. El filipino endosaba su mujer al marinero nuevo, y le decía:

—Te dejo a tu cargo mi mujer mientras yo esté de viaje, y la mantienes durante mi ausencia.

Sin más, se iba; la *china* aceptaba el trato, y cuando el marinero volvía de su viaje se hacía de nuevo cargo de su mujer.

Estas gentes que aceptaban estos tratos eran buenas gentes. Cuando se presencian tales cosas, cualquiera se atreve a hablar de moral.

En el tiempo que estuve en Valdivia me divertí bastante. Todas las noches teníamos baile, concierto de guitarra y zamacueca, que es un baile como el danzón de los negros de Cuba.

En Valdivia conocí al cónsul de España, don Juan de Lagarregui, natural de San Sebastián, casado con la hija de un italiano muy rico. Solía ir a visitarle y charlaba con él del país vasco, que yo conocía muy mal y que él apenas recordaba.

Tan pronto como se concluyó la carena de la fragata el armador comenzó la carga y quiso que saliera en seguida. Iba a llevar treinta lingotes de plata y otros tantos de oro que procedían de las minas de Copiapó o San Francisco de la Selva, minas que comenzó a explotar un vasco, Francisco de Aguirre, en el siglo XVI.

Los lingotes de oro y de plata se iban a remitir al Brasil para fabricar alhajas. El hijo del señor Vargas pintó los lingotes como si fueran de cobre, y yo los tuve que declarar así en la aduana de Río Janeiro.

Era una cosa que me molestaba bastante el ver

que en todos los negocios de los criollos de América intervenía siempre el fraude y el engaño. Los extranjeros decían que esto provenía de tradición española, pero no era cierto, porque los comerciantes españoles de España, al menos los que yo conocí en mi tiempo, era gente de probidad.

Salimos de Copiapó, tuvimos un conato de sublevación en Juan Fernández y marchamos al Sur hacia el Cabo de Hornos. Esta vez el viaje resultó muy penoso. El piloto, un chileno que no había viajado apenas, cuando llegó a la bahía de Río Janeiro se marchó del barco.

Como en aquella bahía estaba el bergantín Diamante, mandado por un paisano llamado Garagarza, y éste tenía a bordo dos pilotos, me cedió uno de ellos, un tal Uriarte, de Lequeitio.

Descargamos, y concluida la descarga me enviaron a Olinda a traer azúcar; mandé que construyeran seiscientas cajas grandes de madera de chacaranda y fui por el azúcar a Olinda, cerca de Pernambuco.

IV

Pasé unas semanas en Río Janeiro. Río Janeiro era entonces una ciudad grande, muy sucia y muy abandonada. No había en ella alcantarillas; al anochecer no se podía transitar por las calles; se veían a estas horas los negros cargados de tinas enormes llenas de inmundicias, que corrían a la playa a arrojarlas al mar, dejando por donde pasaban un olor pestífero.

El perfume de Río Janeiro era el de una cloaca.

Muchas veces vi por las calles de Río Janeiro a los negros con una careta o máscara de alambre, como los perros con sus bozales. Las máscaras que gastaban estos negros tenían por detrás un candado. Aquellas caretas se las ponían a los negros borrachos para que no bebieran el aguardiente, que ellos llamaban cachasa.

En Río Janeiro fui presentado en casa de madama Ranchoup, una francesa ya vieja y muy repipiada. Esta señora, que era de Carcasona, se había casado con un oficial de Cazadores y había ido

7

a Egipto cuando la expedición de Napoleón. Este vio a la madama, se enredó con ella y el marido se divorció. La mujer se casó después con un señor, Ranchoup, y cuando vino la restauración borbónica realizó su dinero y se marchó al Brasil, donde tenía una casa rica, a la que iban ministros, diplomáticos extranjeros de alguna significación, y hasta el emperador don Pedro, que era por entonces un jovencito.

A mí, a pesar de no tener ninguna importancia, me llevaron también, y vi en la casa muchos retratos de Napoleón. En la tertulia de madama Ranchoup se jugaban fuertes cantidades a juegos franceses como el *ecarté*. A mí me quisieron embarcar, pero yo dije que no, que no jugaba más que al mus, y en partidas de a cuarto.

En Río Janeiro había libertad de cultos y muchas sociedades masónicas. Según decían, hasta el mismo emperador estaba metido en estas cosas. Algunos amigos de los que me llevaron a casa de madama Ranchoup se empeñaron en que yo entrara también entre los masones.

—Bueno. Si eso no cuesta, ya entraré —les contesté—. Que me digan lo que hay que hacer.

—Le daremos a usted como iniciado —me contestó un amigo—. Dice usted que está usted durmiente, que ha sido iniciado en Cádiz y que su palabra es Mac Benac.

—Está bien.

Efectivamente, una noche vinieron a buscarme y me llevaron en coche a una sala tapizada de negro y con unas columnas que me parecieron de cartón. Aquello, sin duda, era una logia. Yo dije, como me habían indicado, que estaba durmiente

y que mi palabra era Mac Benac, y me hicieron
una porción de reverencias y me llamaron vue-
cencia a cada paso. Todo aquello me pareció un
perfecto camelo.

Luego me invitaron a sentarme al lado de otros
señores que debían ser importantes. Me dijeron
que había entre ellos generales y ministros. Uno
tenía un mandil muy historiado con dibujos: en el
centro, un compás, una escuadra, dos columnas y
un ojo dentro de un triángulo, y en los extremos
una calavera, una garita, una corona de espinas y
una rama de olivo. Aquellos señores me hablaron
de política, y yo, como no entendía mucho de esto,
les hablé, a mi vez, de marinería y de pilotaje. Al
parecer, dije cosas transcendentales. Debió de ser
sin querer. Parece que se creyó que cuando hablaba del buque y del timón me expresaba de una
manera simbólica. Luego presencié la iniciación
de un neófito: una cosa muy teatral, en donde vi
enmascarados de frac con espadas de hoja de
lata, y volví a casa muy tarde.

Con las cajas de azúcar a bordo y despachado
en la aduana me hice a la vela y tardé veinte días
en llegar a Pernambuco y a Olinda, que está a
su lado. El consignatario tenía preparado el azúcar blanco.

Encontrándome en Olinda se presentó una fragata, llegada del Perú, cargada de guano de las
islas Chinchas, con destino a Bilbao. Hablé con el
capitán, un alemán, y con su sobrecargo, y a éste
le entregué cinco quintales de azúcar, tres arrobas
de dulce del país en seco, una sortija de oro afili-
granada y un loro para que se los diera a mi
madre.

Salimos de Pernambuco, mandé largar todas las velas y marchamos muy agradablemente. Llevaba tres pájaros raros, pero al llegar al Cabo de Hornos se murieron con el frío. Al hallarme en los treinta grados de latitud Sur vimos a una fragata americana grande, de más de mil toneladas. El capitán de la fragata vino con su chalupa a mi barco, pidiéndome que le vendiese algunos víveres, tabaco y fruta. Se los vendí y le regalé mil naranjas. El capitán me dio a cambio barriles de tocino y de manteca.

Hablamos, y resultó que le conocía a Chimista. Este capitán me dio su tarjeta con su nombre y su dirección, y al mirar la tarjeta vi que tenía unos signos masónicos. Al día siguiente nos cogió un horroroso huracán, luego cambió el viento a la brisa y seguimos en busca del Cabo de Hornos.

Bajamos a la vista de la Patagonia, con días de tormenta constante, tempestades de nieve y granizo y un frío insoportable. En la bahía de San Jorge nos detuvimos delante de una costa baja y estéril, y se nos acercaron a vendernos ganado, en unas canoas, unos patagones feos, negruzcos, cubiertos con pieles de guanaco. Estos patagones olían como las focas, y ni siquiera eran altos.

Después de la tormenta seguí mi derrota, navegando cerca de tierra. Al hallarme en la embocadura del canal de Magallanes, cerca del Cabo de las Vírgenes, nos entró una borrasca de huracán del Noroeste; pasé por delante del Estrecho, y en el mismo Cabo de Hornos comenzaron los vendavales fuertes. No hubo más remedio que capear el temporal. Veintidós días pasé en esta si-

tuación lamentable; después, ya amainado el mal
tiempo, nos dirigimos al Norte y llegamos con felicidad a la bahía de Valparaíso.

Nadie que no lo haya visto se puede figurar
todo lo adusto, lo violento y lo terrible que es el
mar en el Cabo de Hornos. Le zarandea a uno
sin dejarle un momento de reposo, con una cólera y una desesperación que le dejan a uno agota-
do y sin fuerzas.

Mi armador y dueño de la fragata La Estrella
se asoció con un comerciante norteamericano para
llevar carbón de piedra desde las minas de Coronel a San Francisco de California.

Mi piloto, Uriarte, dejó el barco y le nombra-
ron capitán de un buque, y mi paisano Francisco
de Echave, capitán de la barca española Rosario
de Málaga, me facilitó otro piloto.

Fuimos, pues, a Coronel, cerca de la Concep-
ción, a cargar el carbón de piedra. Ya embarcado
se levaron las anclas, y en cuanto entró la brisa
me hice a la mar. El viento fue muy fuerte; durante ocho días duró el huracán, y decidí arribar
a la isla de Juan Fernández y fondear en ella hasta que llegara la bonanza.

Dos días permanecí en aquella isla. Desde el
buque se pescaron ochenta grandes langostas.

De la isla de Juan Fernández marchamos, con
buen viento, a San Francisco de California. Al
llegar allí, inmediatamente fui a buscar a Chimista, con la esperanza de que tuviera algún gran
proyecto; pero no lo encontré. Su mujer y él estaban fuera. En San Francisco recalé a la vista
de la Punta de Pinos y de la montaña de Monte-

rrey, lejos del puerto, para que no se me escapara la tripulación.

Desilusionado por no haber visto a Chimista, me marché pronto; puse el rumbo al Sur y llegamos, al cabo de varias semanas, de nuevo a Coronel. Recalé en la isla de Santa María, en la rada de los Araucanos cargué de nuevo carbón de piedra y lo llevé a Valparaíso.

Hice luego otro viaje de Valparaíso a Río Janeiro y de Río Janeiro a Río Grande del Sur. El puerto de Río Grande se halla en los límites del Brasil y del Uruguay; está entre el mar y grandes lagos. La noche que llegamos a aquel punto, los mosquitos y jejenes nos querían comer. Los marineros se echaban agua por la cabeza con baldes para defenderse de las picaduras. Luego el calor del día era insufrible, y la gente moría de fiebres como chinches. Una de las víctimas fue un paisano mío, el joven piloto Manuel de Basaguren, a quien le conocían por el apodo de Devotito.

Dejamos Río Grande del Sur y nos dirigimos al Cabo de Hornos, y nos volvió a coger un fuerte temporal. El ruido que metía el aire en los masteleros hacía pensar que se estaba en una gran fragua; todo era martilleo y confusión.

El frío le dejaba a uno aterido, incapaz de hacer nada, sin voluntad. Las olas enormes lo arrastraban todo; los objetos más pesados de hierro quedaban doblados como si fueran de cera.

Poco después me encargaron de marchar a la isla de San Fernando, presidio del Sur, en un barco fletado por el Gobierno de Chile. Estos viajes no se podían emprender más que en la época de calor, en los meses desde noviembre a febrero.

Teníamos primero que ir a la isla Más a tierra de Juan Fernández, y desde allí comenzamos a bajar al Sur. Al cabo de unos días vimos la isla Nelson, y como la noche se venía encima me dirigí al Cabo Pilar.

Al abrirse el día siguiente amanecí muy cerca del Cabo Pilar, me aproximé a media legua y seguí costeando la Desolación; oscureció sobre otra isla y amanecí a la vista de Brunswick, isla grande ya cerca de la Tierra de Fuego. A las once de la mañana se divisó una blancura de tierra por la proa y era la isla de San Fernando o Clarence, llena de nieve.

En una de aquellas islas se nos acercaron unas muchachas en unas canoas.

—¿Y qué querían ustedes? —les pregunté yo viéndolas vacilantes.

—Venimos aquí a acostarnos con los marineros —me dijo una de ellas con tranquilidad.

Yo me eché a reir, y añadí:

—Está bien, está bien. No me opongo.

—Es que ahora hay muy pocos hombres en la isla —advirtió ella.

V

UN ARMADOR FANTASTICO

Tras de servir unos meses al Gobierno tomé el mando de un barco cuyo propietario era don Juan Sagardiburu, de Valparaíso, a quien conocí por una recomendación masónica, dada por un capitán de barco.

El tal Sagardiburu quería asociarme en sus negocios. Era un hombre muy travieso y atrevido, hablador sempiterno, con algo, indudablemente, genial. Ideaba unos proyectos extraordinarios y todo lo consideraba posible y factible: el atravesar los Andes por un túnel, el desviar la corriente del Golfo, el enderezar el eje de la tierra...

Sagardiburu se emborrachaba con sus palabras y sus proyectos irrealizables. Era un verdadero orador.

Me contaron de él que, tiempo atrás, vivía en Lima y era muy amigo del mayordomo del palacio del presidente del Perú, y acordes los dos, Sagardiburu y el mayordomo, robaron todas las alhajas de plata y oro del palacio y se fueron a venderlas a Panamá, donde sacaron cincuenta o sesenta mil duros.

Al parecer, Sagardiburu tenía unos créditos que cobrar del Gobierno peruano, y puesto que no le pagaban, consideró lícito el quedarse con el tesoro del presidente.

A los cuatro años, Sagardiburu volvió tranquilamente, dando prueba de su inconsciencia, a Lima, y el Gobierno lo cogió y lo encerró en el castillo que llamaban la Casamata, con dobles centinelas.

Sagardiburu conquistó al carcelero ofreciéndole cinco mil pesos. El carcelero metió a Sagardiburu dentro de una cuba podrida, abandonada desde tiempos antiguos en el patio.

Tres días pasó dentro del tonel haciendo la competencia a Diógenes, sin comer ni beber, y luego le llevaron dentro de su barrica rodando hasta la playa, donde dejaron la cuba. Unos muchachos la llevaron a una goleta que aquella misma noche se hizo a la vela para Panamá. Este Sagardiburu, hombre de empresa, estaba asociado con un francés apellidado Brun.

Después de mi viaje al Sur de Chile, Sagardiburu fletó un buque para llevar maquinaria de un molino a Maule y traer de retorno un cargamento de harina. Yo mandé este barco. El mismo Sagardiburu iba de sobrecargo.

Dejamos Valparaíso, y tres días después, cuando llegamos a la barra del puerto de Maule, el torrero me hizo señales para que esperara hasta la marea.

Nos aproximamos a la barra donde se levanta el peñón de los lobos marinos que, efectivamente, suele estar lleno de estos feroces animales.

Mientras esperábamos, hablé yo de Chimista

y de sus aventuras, y como Sagardiburu era tan fantástico, me dijo que él había conocido y oído hablar de Chimista, y me contó mil cosas a cuál más absurdas de la influencia y de las intrigas de mi amigo.

Sagardiburu me contó un célebre desafío que había tenido Chimista con un rival. El desafío había sido a pistola y avanzando. Les pusieron a los dos adversarios uno frente a otro; dieron los padrinos las palmadas y el contrincante disparó sin herir a Chimista, quien no disparó. Volvieron a dar la señal y volvió a ocurrir lo mismo por segunda vez, por tercera y por cuarta, hasta el punto de que Chimista, que no quería matar al enemigo, se acercó lo bastante a él para disparar su único tiro poniéndole la culata de la pistola sobre la cabeza y tirando el tiro al aire. Esta misma historia la he oído contar refiriéndose a otros, y por eso no me inspiró mucho crédito.

También me contó que Chimista, al llegar una vez a Lima produjo grandes sospechas de ser un pirata. Chimista, al día siguiente, salió de la casa en la que estaba alojado vestido de mujer y fue a hospedarse a un colegio de señoritas inglesas, en donde durante unas semanas pasó por profesora y dio lecciones de inglés hasta que pudo escaparse.

Sagardiburu me dijo que Chimista se disfrazaba con frecuencia de cura y de fraile y que había estado durante algún tiempo en un pueblo de Chile diciendo misa.

Todos estos relatos me parecieron un poco sospechosos.

Como mi armador, y al mismo tiempo sobrecargo, era tan aficionado a las fantasías, yo no le prestaba mucha atención.

Concluida la descarga en Maule hicimos los preparativos para zarpar. La noche antes Sagardiburu tuvo la desventurada idea de ir a tierra a parar a la fonda de Europa y parece que bebió de más, se exaltó y tuvo una gran discusión con un súbdito francés. Discutían sobre la acción civilizadora de Francia y España. El francés defendía a Francia y el español a España.

De la discusión pasaron a los insultos.

Estaban en la terraza del hotel; Sagardiburu, irritado, sacó un revólver y se lo disparó a boca de jarro al francés y no le salió el tiro. El francés le dio un empujón; Sagardiburu, que estaba borracho, se tambaleó, se cayó a la calle y murió en el acto.

Un final tan absurdo en aquel hombre, tan expansivo y tan lleno de vida, me llenó de sorpresa.

De Maule volví a Valparaíso y entregué el barco al socio de Sagardiburu, el señor Brun.

VI

UN ALEMAN VASCONIZADO

El hijo de mi armador antiguo, Vargas, compró un brick-barca en Burdeos y lo abanderó con bandera chilena, para hacer expediciones por los puertos del Pacífico, y me ofreció el mando. Acepté.

El primer punto donde estuve fue en Cobija. Allí conocí a un comerciante, hijo de San Sebastián, don Juan de Aresti Meñi, y a don Pedro Landázuri, de Bilbao. Después pasé unos días en Iquique, donde todavía las casas no eran más que barracas, y visité las minas próximas de salitre.

Aquella tierra poseía unas condiciones antiputrescibles, extrañas; una persona enterrada a los veinte o treinta años se hallaba casi en el mismo estado que el día de su muerte: las carnes quedaban como embalsamadas. Unos ingleses aparecieron a los veinte años de enterrados igual que el día en que murieron, y los llevaron a Inglaterra dentro de barricas de salitre como curiosidad.

Al salir de Iquique, en un momento de calma, me encontré con un bergantín hamburgués, que me hacía señales.

Me detuve. Inmediatamente se me acercó el capitán en un bote. Subió a bordo. Era un alemán joven, flaco y rubio. Me hizo una inclinación ceremoniosa con la cabeza y me preguntó en vascuence:

—¿Zu euscalduna al cera? (Es usted vascongado?)

—Bai jauna. (Sí, señor.)

—¿Nungua? (¿De dónde?)

—Elguetarra. ¿Eta zu? (Yo nacido en Elguea. ¿Y usted?)

—Ni aleman naiz baño bicitunaiz don Ibane lohizian. (Yo soy alemán, pero he vivido en San Juan de Luz.)

Después charlamos largo rato en vasco. Yo estaba sorprendido de oir hablar a un alemán el vascuence con tal perfección. Me dijo que era hijo de un relojero prusiano de San Juan de Luz. Tenía gran facilidad para aprender idiomas. Sabía veinte lenguas y estaba estudiando más.

Este hombre extraordinario conocía mucho a Chimista y al doctor Mackra.

—¿De verdad? ¿Les conoce usted?

—Sí, sí.

Y, efectivamente, me contó cosas de Chimista que me dieron a entender que lo conocía. Luego me habló del doctor Mackra. Yo le pregunté qué sabía de él. Lo tenía por un tipo raro. Cuando yo le dije que se decía que mataba niños con el objeto de sorber la sangre, me contestó:

—Quizá lo haga como sivaísta. Hay muchos indios sivaístas todavía.

Esto, a pesar de la ciencia del alemán, no me convenció.

—¿Y Chimista, cómo está? ¿Qué hace? —me preguntó—. Estoy deseando verle.

Después pasamos a hablar del motivo principal que tenía para llamarme.

El alemán me dijo que venía cargado de fusiles, carabinas, sables, bayonetas y caballos para las tropas de Arequipa. Quería entrar en el puerto de Matarani de noche y, a poder ser, sin práctico; lo intentó varias veces, pero no podía.

—¿Por qué quiere usted entrar de noche?

—Parece que hay algunos en el pueblo que quieren denunciarme y decomisar el cargamento. Para despistar he pintado la proa del barco de nuevo de otro color y quisiera entrar en el puerto con poca luz.

—Pues, nada; yo también voy a Matarani de Islay —le dije—. Usted sígame a mí y entraremos en el puerto a media luz.

El alemán se fue a su barco y pocas horas después estábamos en Islay.

El alemán descargó rápidamente y vino a despedirse de mí. Cambiamos algunos regalos y nos despedimos como amigos.

Islay era una aldea con una treintena de barracas en una bahía de rocas cortadas a pico.

En Islay compré yo cuarenta carneros y enderecé el rumbo hacia el Norte.

Navegué a una milla de las islas Chinchas. Nadie puede tener una idea de las nubes de pájaros que revolotean sobre estas islas; parecen cuervos de nuestro país, pero con plumas blancas. Me dijeron que aquellos pájaros eran pelícanos; yo no los vi de cerca.

Al subir al Norte, la navegación desde Iquique

hasta Arica era muy cómoda; se marchaba cerca de la tierra y se veían montañas altas cortadas perpendicularmente en verdaderos paredones.

Por allí, hasta Páyta, ya en el Perú, no llovía casi nunca; los vientos eran muy suaves, y el capitán y la tripulación podían echarse a dormir tranquilamente.

Páyta era una gran bahía rodeada de montes desnudos y desolados. Desde Páyta tomé rumbo a Panamá y fui a casa del consignatario, que era, al mismo tiempo, cónsul chileno.

Al día siguiente de mi llegada a Panamá entraron dos fragatas de la China procedentes de Macao cargadas de *coolies*, una de ellas americana, La Argonauta, y la otra española, llamada La Bella Vascongada, de la matrícula de San Sebastián.

Era capitán de esta última don Manuel de Aguirre, primer piloto don Justo de Goñi, los dos donostiarras, y los oficiales, guipuzcoanos. Fui a verles y nos hicimos amigos.

Aguirre quiso que yo le regalara un loro que tenía en el barco, que hablaba muy bien y a veces con más discreción que muchas personas. A cambio Aguirre me daba a elegir entre una mulata o un escritorio chino. Preferí el escritorio chino. Me parecía más cómodo y menos comprometido. Aguirre y yo teníamos algunas discusiones sobre las derrotas que había que seguir, y poníamos por árbitro al capitán de La Argonauta.

Días después salí de Panamá, remontamos la punta Mala, y seguí barajando la costa guatemalteca, y luego la ecuatoriana, hasta entrar en el Golfo de Guayaquil.

A la entrada del Golfo de Guayaquil hay una pequeña isla que se llama Santa Clara la Amortajada o el Muerto.

Santa Clara la Amortajada es un grupo de cuatro o cinco escollos situados a la entrada del canal de Jambel. Los dos lados de la Amortajada presentan buenos pasos; pero las costas de la isla de Puna y de Tombez están bordeados de bancos muy peligrosos.

La Amortajada tiene la silueta de una persona muerta, envuelta en un hábito de fraile.

Cuando llegamos allí, los mosquitos y los jejenes nos hacían bailar. Las playas estaban llenas de caimanes, y se veían muchos loros, periquitos, garzas y palomas.

En el puerto había dos capitanes paisanos, don Juan de Villabeitia y don Manuel de Sarachaga, ambos cargando cacao en sus barcos.

Llegado a la punta de Santa Elena, fui a casa del consignatario, don Martín de Echave, hijo de San Sebastián, dueño de un comercio de sombreros de jipijapa. Al poco tiempo se presentó Aguirre con La Bella Vascongada, que venía a la remontada en busca de víveres para su viaje a China.

VII

UNA FIESTA AGUADA

Guayaquil, fundado por Orellana, era entonces un pueblo pequeño, en donde se vivía de una manera cómoda y perezosa. Por todas partes se celebraban bailes adonde iban las tapadas. En las casas de la gente de posición había una sala, y señoras y caballeros, sentados en sus sillas y canapés, hablaban a todas horas.

La puerta de estas salas se hallaba siempre abierta. No había necesidad de presentaciones para tomar parte en una de estas tertulias. Se saludaba a derecha e izquierda; si se encontraba una silla vacante entre dos damas, se sentaba uno en ella, y se ponía a galantear a una señora o a las dos.

En aquellas tertulias nos encontramos varias veces los capitanes vascongados.

Por la mañana, si se iba a una casa, se veía a la señora y a sus hijas en unas hamacas hechas de hierbas de varios colores, con el pie fuera para empujar el columpio.

Aguirre andaba atareado con la compra de víveres, y Echave, el del comercio de sombreros, le resolvió la cuestión rápidamente.

Antes de marcharnos de Guayaquil los vascongados que nos encontrábamos allí, Echave quiso dar una comida en su casa, y después de la comida un baile. Acudimos Aguirre, Villabeitia, que estaba en la goleta Medusa, Sarachaga, Goñi, varios pilotos y yo.

Había muchas mujeres guapas.

En la reunión se puso a tocar el piano una señorita, y después, un caballero de cierta edad, con melenas, salió a cantar. Parece que era profesor de música. Debía cantar cosas de ópera, en italiano, que la mayoría de nosotros, los marinos, no habíamos oído nunca. El cantor gesticulaba como si tuviera miedo o dolor, extendía la mano con solemnidad, se la ponía en el pecho o se levantaba en la punta de los pies; todo con una gran prosopopeya.

Uno de los nuestros, Echaluce, un piloto ya viejo, de Motrico, creyó que el señor hacía aquello como broma, y empezó a reírse estruendosamente y a darse palmadas en las piernas.

—¡Qué *shélebre!* —decía a gritos, señalando al profesor y mirándonos a nosotros para que colaboráramos en su alborozo—. Es notable. ¡Qué *shélebre!*

Al cantor se le veía muy amoscado con aquellas risas extemporáneas, y yo fui a hablarle al piloto paisano y a decirle que estaba metiendo la pata de una manera lastimosa; pero él no se convenció y siguió afirmando que era muy *shélebre* todo aquello.

Al día siguiente, el capitán Aguirre quiso dar

una comida en su barco para corresponder al obsequio de Echave y mostrar lo limpia y cuidada que se hallaba La Bella Vascongada.

Nuestros marineros fueron los encargados de llevar en los botes a los invitados. Yo tuve una cuestión con un señorito impertinente a quien había visto en casa de Echave.

Me preguntó con descaro por qué no se le había invitado a él. Yo le contesté que yo no era quien invitaba.

Me dijo que era descendiente de los conquistadores y que era también marino, aunque no había viajado nada.

Este americano era morenito, con los ojos negros y brillantes y los labios gruesos; tenía unos pies pequeños metidos en unos zapatos estrechos con unos tacones muy altos. Estos zapatos tan altos le daban unos movimientos de bailarina.

Le miré con curiosidad; me pareció mejor para dedicarse a la zamacueca que para ser piloto, y le dije:

—Vaya usted a bailar el bolero.

El señorito aquel quiso sacar un arma, pero le calmaron.

Iba llegando gente en botes a La Bella Vascongada cuando se desencadenó un huracán, y dos invitados cayeron al mar. Aguirre, Goñi y yo nos tiramos al agua y pudimos sacarlos ya medio ahogados. Con este motivo se estropeó la fiesta y a nadie le quedó humor para comer ni para bailar.

Me despedí de los capitanes y de los pilotos paisanos, y al día siguiente salí del puerto cargado de hierba orchilla, especie de liquen, dejando en el plan del buque una cama de arena de lastre.

Esta hierba orchilla sirve para teñir las telas en las fábricas de Francia e Inglaterra, y parece que se sacan de ella colores amarillos, azules y rojos.

La remontada a Valparaíso fue muy lenta y, al llegar al puerto, trasbordé la carga a una fragata inglesa, que llevaba, además, un cargamento de cobre.

VIII

LA VIDA EN LIMA

Como no llegaba a encontrar una buena plaza cambié de postura como los enfermos y fui a establecerme al Callao, en donde me presenté a un tal Ugarte, de Baracaldo. Ugarte poseía una docena de grandes fragatas. Hacían éstas la carrera de Ultramar, con muchos capitanes vascongados.

El pueblo del Callao era entonces pequeño, como una capital de provincia; tenía una calle larga, con algunas casas buenas. Principiaba esta calle en el puente e iba hasta la iglesia, y se llamaba del Comercio. El resto eran chacaritas, casas bajas, sin tejado, construidas con vigas, maderas y cañas, o hechas con adobes.

La playa del Callao era de piedra redonda, de chispa. A poca distancia pasaba el río Rimac, desde las cercanías de Lima, y durante la sequía se convertía en un arroyo sin importancia.

El aspecto del Callao tenía algo de imponente, por los fuertes construidos por los españoles. El pueblo valía poco; el muelle, de madera, no valía mucho más. Al Oeste del muelle había cuatro barracas de tabla para almacenes.

Al Sur, pegado al arenal, se levantaba el castillo o casamata, en donde los españoles estuvieron bloqueados durante ocho meses sin querer rendirse. En medio del castillo se veía una torre redonda, con cañones de grueso calibre. El comercio, entonces, se reducía a una docena de buques, comprados a los extranjeros, que arribaban a aquel puerto para la aguada.

Había unas tres leguas desde el Callao hasta Lima.

En el Callao, como en Lima, aunque estaba muchas veces nublado, no llovía nunca; reinaba una niebla que mojaba mucho, a la que llamaban rocío peruano.

Por aquella época, entre el Callao y Lima, andaba un ómnibus que por un peso franqueaba las tres leguas que separaban el Callao de la capital. El camino atravesaba una llanura árida, pelada y polvorienta. A la mitad del viaje se veía un convento arruinado y una taberna. El coche le dejaba a uno en la plaza Mayor de Lima.

La vida, entonces, de Lima era una vida holgazana y sensual.

En Lima, las mujeres de mal vivir andaban constantemente, a todas horas, de día y de noche, por las calles, con la cara tapada, enseñando solamente un ojo y el brazo.

Decían los marinos que era frecuente llevarse grandes chascos; veían por la calle una tapada, que andaba con la gracia de una andaluza, se arrimaban a hablarla y la invitaban a almorzar o a cenar al café de la Bola de Oro o de las Cuatro

Naciones, y como la tapada era de gustos finos pedía al mozo una cena con vino de Borgoña o de Champagne, y cuando la mujer descubría la cara, se veía que era una negra o una mulata más fea y desastrada que Carracuca.

Fuera de la ciudad había una larga alameda con sus árboles y bancos. En esta alameda se sentaban las tapadas, la mayoría mujeres de mal vivir, y otras que, aunque no lo eran públicamente, andaban muy cerca de serlo.

Tanto en Callao como en Lima, lo único importante de la vida parecían las diversiones: los domingos, el jaleo y las corridas de toros; los jueves y sábados, los bailes en el café. El carácter del peruano era intrigante, adulador y servil; las mujeres se mostraban muy libres, muy aficionadas al alcohol y muy jugadoras.

Decían que era costumbre en las fondas de Lima frecuentadas por extranjeros ricos al irse a acostar, encontrar una mujer dentro de la cama.

En aquel país se bebía mucho, y después se bailaba el baile favorito, que llamaban sanguareña, que era una especie de fandango, como la zamacueca de Chile. Observé que las peruanas, como las señoras de Guayaquil, bebían casi más que los hombres.

Un elemento importantísimo en la vida de Lima eran los frailes, se contaban treinta y ocho conventos; los frailes gozaban de una libertad absoluta: entraban en los cafés, teatros y casas de juego, y se dedicaban a tirar de la oreja a Jorge, cuando no hacían trampas y llevaban naipes marcados.

Yo no he visto frailes más insolentes que los de Lima: no tenían vergüenza.

Solamente después, en Filipinas, vi algo parecido. Todos ellos vivían con su querida, entraban en sus casas públicamente, como en su convento, y a nadie le chocaba esto.

La mayor parte de los frailes eran del país: algunos, mestizos de indio; otros, medio mulatos y medio negros, feos como Barrabás.

Además de los diferentes frailes de distintos colores, blancos, negros y grises, había muchos curas con su hermosa teja.

IX

LAS MUJERES, LOS SOLDADOS Y LOS FRAILES

En Lima mucha gente se pasaba la vida en los cafés y tabernas, hablando, murmurando, discutiendo sobre los bailes y las canciones. Yo no sé de dónde sacaban el dinero; la mayoría de los hombres no hacían más que beber, charlar y fumar. Los bailes eran muy sucios, escandalosos. Yo vi a un ministro bailar con una mulata delante de gran público, con unos movimientos indecentes. La alcahuetería era cosa allí lícita y normal: se ofrecían mujeres como caballos o coches. Se bebía mucho la chicha, un líquido alcohólico, y se tomaba el seviche, una comida excitante de pescado.

Las mujeres iban envueltas en mantos y no enseñaban más que el ojo derecho y el brazo izquierdo; de noche no se permitía esta especie de disfraz; pero, a pesar de todo, andaban muchas tapadas.

En las casas había tantas pulgas que no le dejaban a uno vivir; estaba uno en la cama durmiendo y se le caían a la cara montones de pulgas.

El pretender cazarlas una a una era locura; la

gente limeña tenía la costumbre de coger un cepillo grande y cepillarse el cuerpo y la cama. Las limeñas solían llevar un pedazo de lana fina en el bolsillo, que les servía de trampa para las pulgas.

Otra cosa bastante curiosa del Perú eran los soldados, a quienes llamaban cholos o cholitos. Los cholos, casi todos mestizos de blancos y de indios, andaban seguidos de sus mujeres, de sus hermanas y de sus madres, que los seguían con la cesta de la comida. A estas mujeres soldadescas les llamaban las rabonas, no sé por qué.

En el Callao, como en Lima, había dos clases de policía de noche: la de los serenos, con una linterna y una matraca en la mano; la otra, unos pájaros negros, como los zopilotes de Méjico, que se llevaban todas las inmundicias.

Los serenos del Perú, al cantar las horas, a veces gritaban: ¡Viva la Virgen! o ¡Viva Santa Rosa de Lima! Los de Chile, sin duda más entusiastas de la independencia, solían gritar: Las doce y media y sereno. ¡Viva Chile, independiente!

En los dos años que estuve en Lima asistí a las procesiones del Corpus y de Santa Rosa, que más se parecían a una fiesta de Carnaval que a un acto religioso.

Solían ir abriendo el paso, dos negros enormes, con grandes látigos; luego, marchaba un gran diablo con sus largos cuernos, un niño y una niña, y bailaban los tres; después iban los músicos, y algunos llevaban mandíbulas de burro y rascaban con un palo en los dientes; luego, pasaban varias personas vestidas de indios, y un gran número de andas, con santos de bulto, que los llevaban los negros y que bailaban y se saludaban.

Entre los pasos iba una nube de curas, frailes, militares, comerciantes, ministros y busconas, todos cantando.

El público, celebraba con gestos los saludos que hacían unos santos a otros.

—Mira el señor Pepe cómo le saluda al señor Pedro.

El señor Pepe era San José, y el señor Pedro, San Pedro.

No es que a mí me inspiraran un fervor especial estos santos; pero llamarlos con tanta familiaridad me parecía algo raro.

Al llegar la custodia delante de la casa de un rico solía encenderse en el balcón un castillo de fuegos artificiales, y el público presenciaba el espectáculo con grandes gritos y aplausos. En aquellas procesiones exhibía el clero su lujo y su riqueza. Se hacía un verdadero alarde de oro, plata y diamantes.

Los frailes se mostraban de una insolencia extraordinaria. Iban riendo, saludando y haciendo gestos a las mujeres. En una de estas procesiones, una tapada, con un chal bordado, pasó por delante de mí, se acercó a un fraile que llevaba una casulla con muchas perlas, y le dijo:

—Fray Antonio, una onza de oro al as de copas.

El fraile le contestó:

—Cállate, picarona, ya te conozco.

X

DE DIABLOS

En las montañas áridas de los alredededores de Lima, hacia San Juan, cuando brotaban unas flores amarillas, las amancaes, se celebraba una fiesta.

En aquella fiesta oí hablar de la Perricholi, una cómica que algunos habían conocido. Esta historia de la cómica mestiza, que llegó a conquistar al virrey Amat y a obligarle a llevarla en coche en la procesión, entre la aristocracia criolla, y luego regaló el coche para el viático de la catedral, se recordaba todavía en Lima.

El nombre de la Perricholi era un apodo. Procedía de que su amante, el virrey Amat, que era un vejete catalán, cuando reñía con ella, para llamarle Perra-chola, la llamaba algo como Perricholi, de donde le quedó el mote para siempre.

Algunos recordaban a la cómica cuando vivía dedicada a la devoción, achacosa y con muchos años, en una casa pequeña de la Alameda Vieja, a principios del siglo.

En esta fiesta de las amancaes, adonde yo había ido para entretenerme con algunos amigos, encontré de pronto a Chimista hablando con una limeña muy perfilada y muy redicha.

—Pero, hombre, ¿ de dónde sales? —le pregunté.

Chimista me dijo rápidamente que había andado dando vueltas por el mundo. En el lago Titicaca había sido invitado por el capitán de un barco a cazar patos. Había estado también en la isla de Chiloe, al Sur de Chile, con otro capitán amigo, en donde desaparecieron varios marineros suyos, a quien, probablemente, se los comieron los naturales.

Chimista dejó pronto la conversación conmigo, porque le solicitaba la limeña, y me presentó a ella y a una amiga suya.

Aquellas damas habitaban en Lima, en un primer piso cerca de la iglesia de Santo Domingo.

Las dos tapadas se mostraron muy coquetas. Quisimos irlas a visitar, y nos dijeron que fuéramos de noche, porque no nos podían recibir de día.

Al parecer, las dos señoras estaban casadas.

Fuimos Chimista y yo varias noches a charlar, y nos recibieron muy amablemente.

Chimista no tenía planes amatorios, ni yo tampoco.

Una noche, a primera hora, estábamos en la casa de las dos damitas, cuando se llamó a la puerta de la sala.

—¿Quién es? —preguntó una de las damas.

—Soy yo; abre.

—Es mi marido —dijo ella—. Nos hemos fastidiado.

No había más que una puerta de salida.

—Vayan ustedes por aquí.

Nos mostraron una ventana. Antes de salir, como estaba muy oscuro, Chimista cogió la vela de un candelabro y se la metió en el bolsillo. Escapamos por la ventana y echamos a andar por un tejado que temblaba bajo nuestros pasos.

Llegamos a una guardilla, con ropas puestas a secar, que daba a un corredor, en donde andaban mujeres y chicos.

—Vamos a armar un escándalo —dijo Chimista al salir de aquí.

—Podríamos explicar...

—¿Explicaciones? Es lo peor.

Chimista cortó la vela en dos pedazos, encendió un cabo y con él ahumó un pedazo de plato roto que había por allí. Luego, con el humo, se pintó dos círculos negros alrededor de los ojos, y me dijo que yo hiciera lo mismo. Después se echó una sábana sobre los hombros y a mí me puso otra.

—¿Estaremos bastante bien caracterizados de mamarrachos para dar miedo? —me preguntó.

—Yo creo que sí.

—Ahora, con la luz delante de la cara, vamos haciendo de fantasmas.

—¿Quién anda por ahí? ¿Quién es? —preguntó una voz.

—Soy el diablo —dijo Chimista con voz cavernosa.

Salimos, uno detrás de otro, con los trapos blancos y la luz en la mano. Se armó un estrépito horroroso de gritos y chillidos. Todo el mundo echó a correr.

Seguimos adelante, cruzamos el pasillo, salimos a una terraza y de la terraza a un tejado siete pies más bajo, saltamos los dos y se hundió el suelo al salto y caímos sobre una cama, de donde se levantaron una gruesa mulata y unos mulatitos, que se pusieron a chillar como si los despellejaran.

Chimista se limpió la cara con la sábana, la arrugó y la tiró a un rincón.

—Haz tú lo mismo.

Hice lo mismo y salimos los dos a la calle.

—¿Qué pasa? ¿Qué pasa? —preguntó Chimista después, volviendo a la puerta.

La mulata, rodeada de sus mulatitos, nos contó que habían visto a dos diablos, con una cara horrible y un cirio en la mano; los dos echaban fuego por la boca y por los ojos.

Estando hablando con la mulata se acercó un zapatero, que tenía en la casa su tienda.

El zapatero, al oir la relación, aseguró que los fantasmas aquellos eran almas en pena, y que había que decir una misa.

Otras gentes de la vecindad se reunieron, y la tesis más aceptada fue la de las almas en pena.

Al día siguiente pensamos en ir a casa de las tapadas que habíamos conocido en la fiesta de las amancaes. Chimista dijo que no.

—No fuera que nos tuvieran preparada alguna trampa.

—¿Crees tú?

—Por lo menos, lo sospecho.

Quizá tenía razón; yo no sabía los líos en que estaba metido Chimista.

XI

A BORDO DEL BUSCA VIDAS

Chimista me dijo que iba ya a estar poco tiempo en América; pensaba embarcarse para Inglaterra, y allí preparar unos negocios y marchar a Filipinas.

—¿Sabes algo del doctor Mackra? —le pregunté.

—Nada. Quizá esté enfermo.

Por entonces recibí yo la noticia de que había muerto mi padrastro. Me embarqué para España y fui a Bilbao.

Mi capital ascendía a quince mil duros; poca cosa para vivir retirado; tenía, además, fuerzas y buena edad para seguir trabajando.

Hablamos mi madre y yo; pero no nos llegamos a entender. Ella quería que me quedara en Elguea y me casara allí; yo le dije que estaba casado.

Me preguntó detalles sobre mi mujer.

—¿Por qué te has separado de ella?

Yo le expliqué que era egoísta, interesada y estúpida. Nada de esto le parecía a mi madre motivo suficiente para la separación. Yo creo que sospechó que el que tenía la culpa de todo era yo, y quizá mi amigo Chimista, de quien le había hablado con entusiasmo y a quien tenía, sin motivo ninguno, por un hombre muy malo y perverso.

Yo insistí en que era la poca generosidad, la poca comprensión de mi mujer la que me hizo separarme de ella; pero mi madre no lo creía.

No parece sino que la estupidez y el egoísmo, que son, naturalmente, una fealdad en el hombre, constituyen un adorno en la mujer. Mi madre insistió en que me quedara a vivir en Elguea. Yo no podía acostumbrarme a una existencia tan inmóvil como la del pueblo.

Decidido a marcharme, me embarqué de capitán en un bergantín que se llamaba Busca Vidas; salimos de Bilbao y determinamos detenernos, por el mal tiempo, en la isla de Hierro, de las Canarias. La población era muy pequeña; había una treintena de casas construidas a estilo americano, una guarnición de soldados, y los naturales parecían enfermizos y pobres. Antes de embarcar, el piloto, el grumete y yo quisimos visitar los altos de las montañas y seguimos por un camino con árboles, naranjos, piñas, etc. Subimos más arriba y hallamos un gran peñasco horadado como un balcón, y al aproximarnos, vimos cuarenta o cincuenta personas, de ambos sexos, leprosos. Era un espectáculo poco regocijante.

Quisimos volvernos; pero era ya un poco tarde para hacerlo disimuladamente.

—Pasen ustedes —nos dijeron.

—No, no; ¿para qué?

—¿Es que les damos miedo?

9

¡Claro que nos daba miedo! El grumete se había puesto pálido del susto. Entre los desdichados horribles había una mujer sana y guapa, casada con uno de ellos.

—¿No tiene usted reparo? —le pregunté yo.

—No; es un mal que no se pega.

Uno de aquellos leprosos, de los que tenían más aire de monstruo, con la cara llena de rajaduras, un ojo nublado y retraído y el labio leporino, que mostraba los dientes de arriba, nos dijo que por allí cerca había unas misteriosas inscripciones jeroglíficas.

—Pues vamos a verlas.

Salimos del portillo del monte.

—Tú vete al barco —le dije al grumete al salir, como si estuviera incomodado—, que allí haces falta.

El muchacho echó a correr como un gamo.

—¿Hacia dónde están esas inscripciones? —le pregunté al leproso.

Comenzó a darnos una explicación, y entonces el piloto me dijo:

—Tenemos que volver, capitán.

Y sin más, bajamos al pueblo.

—No íbamos a ser nosotros los que descifráramos esas inscripciones —me dijo el piloto para tranquilizar su conciencia.

—No; teníamos demasiado miedo —le contesté yo, y nos echamos a reir.

Emprendimos nuestro viaje al día siguiente por la mañana; entramos en el Golfo de las Damas, y las aguas del cielo nos fastidiaron por completo, pues hasta la recalada de la isla de Santo Domingo no dejó de llover. Por otra parte, tuvimos la suerte de que los marinos hicieran todos los días pesca abundante de doradas, albácoras y peces voladores.

También se acercaban a nosotros los pájaros blancos que llaman rabijuncos y que siempre van en parejas.

Llegamos a Cuba. Se dio vista a la farola de Cienfuegos. Después de descargar el buque nos acercamos a Santiago. Al remontar el Cabo Cruz y al ver desde lejos la Sierra Maestra y el pico de Turquino, recordé mi aventura con Chimista y pensé qué habría sido del doctor Mackra.

Al llegar a Santiago me enteré que días antes había habido un terremoto. La gente estaba horrorizada. Se vivía en tiendas de campaña. Las iglesias se hallaban formadas por un toldo de lona; todo el pueblo, congregado en ellas, no hacía más que gemir y llorar.

Presenciamos este espectáculo deprimente, salimos para La Habana y tuvimos temporal. Al llegar a Batabanó nos dijeron que había invadido la comarca el cólera morbo. La plaza disparaba cañonazos sin cesar; decían que para despejar la atmósfera.

Remontamos el Cabo de San Antonio y llegamos a La Habana.

El segundo viaje a las Antillas fue más agradable.

En el viaje de España a La Habana ya se sabe lo que ocurre: mientras se navega por las costas europeas hay borrasca. Desde el momento que se entra en el Golfo de las Damas, se principia a sentir calor y le sofoca a uno el llevar ropa de paño. El capitán manda echar todas las velas y se navega a placer.

A los cuatro días de abandonar las islas Canarias se va soltando la ropa europea de paño, y cuanto más se navega para Occidente, la sofocación es mayor. A los ocho días ya no se puede dormir en la cama y se prefiere hacerlo sobre cubierta y a tabla limpia.

A las cuatro de la mañana aparece el contramaestre, que dice:

—¡Santos y buenos días, caballeros! Todo el mundo para arriba. Se va a comenzar el baldeo.

La gente se pone en pie, y la mayoría baja a las cámaras a seguir durmiendo. Muchos de los pasajeros y marineros se bañan todas las mañanas y hasta dos veces al día, y se les despierta tal apetito, que se comerían la despensa del buque.

De vuelta de América tuve que sufrir una enorme borrasca; la bodega hacía agua y el barco iba sumergiéndose. Yo comprobaba cómo subía el agua en la bodega.

Los marineros se me echaron a llorar.

—Capitán —me decían—, estamos perdidos; nos vamos a pique, hay cerca de cinco pies de agua en la bodega.

—Nada, no pasa nada —les contestaba yo—. Darle fuerte a las bombas y saldremos adelante.

Cuando vi que la cosa se enderezaba algo me puse en rumbo y seguí contra viento y marea. El buque hacía sus ocho millas e iba por completo bajo el agua; los palos temblaban. El piloto me dijo:

—¿No tiene usted miedo de que nos perdamos, capitán?

—No; si los palos aguantan sin caer, saldremos del apuro.

—¿Y si se nos caen los palos?

—¡Ah!, entonces andaremos mal; pero no hay que ponerse en lo peor.

—Bien; pero hay que pensar en su posibilidad.

—¡Animo! —les dije a los marineros, que eran buenos chicos, gente razonable y disciplinada—. Lo que hay que hacer es dar a las bombas con alma, y así nos salvaremos todos. Hay que tener valor, muchachos; los lloros y los rezos se quedan para la gente de tierra y de sacristía. ¡Animo y rabia, y no achicarse nunca!

Después de pasar a la altura del Cabo de San Vicente, el mar se tranquilizó y anclamos en Cádiz, con felicidad. Las harinas que llevábamos estaban averiadas. De Cádiz me enviaron a Londres. En Londres, una persona inteligente empleada en el Consulado de España, me dijo que creía que en Filipinas era donde se podía hacer un capital más fácilmente, y a la vuelta de Cádiz me decidí a buscar colocación en un barco que fuera a aquellas islas. La idea de encontrarme con Chimista, que sabía que estaba allí, me halagaba también.

CUARTA PARTE

EN EL EXTREMO ORIENTE

I

LA MARIVELES

La casa de comercio, en Cádiz, de los señores don José Matía, Menchacatorre y Arlegui, poseía varios barcos para la travesía de ida y vuelta a Filipinas, entre ellos la fragata Mariveles.

En este buque me embarqué yo de piloto, con sesenta pesos al mes. Los barcos de la carrera Cádiz-Filipinas se sostenían con el pasaje de ida y vuelta y la carga casi exclusiva para el Gobierno.

Con dos meses de anticipación se anunciaba en los periódicos la salida de los buques. Su carga, generalmente, se componía de sal, vino, licores, grano y frutos andaluces, a la ida, y de tabaco, a la vuelta. Lo que más producía era el pasaje de los oficiales de Ejército.

Todo oficial, si quería servir en las islas Filipinas, ascendía un grado, y como muchos enfermaban en aquel territorio, volvían a reponerse a España. Así, el ir y venir de los militares era constante.

Antes de salir, llegaba a bordo la falúa con el

capitán del puerto, los armadores y el capitán de la fragata; pasaban lista a los pasajeros y a la tripulación, se salía fuera y comenzaba el mareo de la gente.

En mi primer viaje, al hallarnos en el paralelo de la isla de Madera, quedó el viento casi en calma. Uno de los hombres de la tripulación, el segundo cocinero, un filipino, divisó por la proa una barrica grande, y sin pedir permiso a nadie se echó al mar a coger la barrica.

El capitán subió sobre la toldilla y le gritó al hombre con la bocina que volviera al barco; mas él, emperrado, no hizo caso, y por momentos se fue alejando tras de la barrica.

El capitán mandó lanzar un bote con cuatro remeros para recoger al filipino; éste, al ver el bote, abandonó la persecución de la barrica y volvió nadando hacia la lancha. De repente, apareció cerca de él una gran ballena; el cocinero se asustó, y en un momento desapareció entre las olas.

Al aproximarnos a los trópicos tuvimos ocho días de calma en el mayor aburrimiento.

Cuando íbamos en las cercanías del Ecuador, varios pasajeros nos preguntaron con gran interés:

—Y la línea, ¿no se ve?

—Sí; otras veces, sí —contestó el capitán, en burla—; pero como está muy oscuro, no se ha podido divisarla entre las olas.

Al remontar el Cabo de Buena Esperanza suele levantarse, casi siempre, un viento furioso. Hay por allá grandes tempestades. De ahí viene su antiguo nombre de Cabo de las Tormentas.

Al pasar por delante del Cabo, uno de los pilotos, que era hombre leído, recordó la tradición del crucero holandés, o barco fantasma, que suele navegar por aquellas proximidades, y habló también de las nubes del monte de Tablas, que se llaman por su forma especial Carneros.

El Cabo de Buena Esperanza es algo parecido al Cabo de Hornos. Una de las cosas más peligrosas al remontarlo es el salto del viento súbito. Sopla un huracán de un cuadrante, y de pronto, sin transición, cesa este viento y viene una ráfaga impetuosa por el lado contrario que rompe las velas, cuando no derriba los palos. Esos terribles huracanes producen olas como montañas.

En nuestro barco los pasajeros, llenos de miedo, maldecían la hora en que se habían embarcado; todo el mundo estaba descontento, el cocinero no podía guisar, el mayordomo no podía cocer el pan porque el mar le apagaba los hornos, la tripulación andaba con la ropa mojada sin dormir y sin atender a los viajeros. Por todo recurso se comían fiambres y cosas de lata; gracias si se podía hacer café, porque, a veces, los golpes de mar apagaban el fuego.

En estos viajes tan largos era imposible que resistieran las gallinas u otros animales; lo único reciente que se podía comer a bordo era el pan y los huevos, que se conservaban entre cal, salmuera y paja.

Cuando se rebasaba el Cabo de Buena Esperanza, y se avanzaba al Nordeste a entrar en el canal de Mozanbique, entre Africa y la isla de Madagascar, solía haber siempre temporales, y al ir avanzando en la ruta, mejoraba el tiempo.

Se ponía el rumbo hacia el Estrecho de la Sonda, entre la isla de Sumatra y Java.

Al acercarse de nuevo a la línea equinoccial, comenzaban las calmas; los pasajeros principiaban a sentir calor y a vestirse de blanco. Por entonces se solía hacer una carnavalada, en la cual aparecía el dios Neptuno con su tridente, y obligaba a pagar a todos los viajeros un tributo de dos duros.

Llegamos al Estrecho de la Sonda, a la rada que se llama de Anjer o de Batán; el capitán fondeó, y queriendo dar comida fresca a los pasajeros, envió al mayordomo a comprar a tierra carnes y verduras.

El mar de Java está limitado, como se sabe, por las islas de Sumatra, Java y Borneo. Comunica con el del Sur de China por tres Estrechos, que son: el de Bangka, formado por la isla de este nombre y Sumatra; el de Gaspar, entre Bangka y Billiton, y el de Carimata, entre Billiton y Borneo. El Estrecho de Gaspar está erizado de multitud de islas, cuyas tres principales son: Lepar, Leat y Long, y ofrece varios pasos, uno de ellos llamado de Stolze.

Allí cerca se perdió la fragata Jesusa, de la matrícula de Bilbao, al mando del capitán don Pedro de Goicoechea, que creyó, sin duda, que en aquel sitio no había bajos.

Pasamos por el Estrecho de Gaspar; a las nueve de la mañana se dio vista a las islas Bangka y Billiton, remontamos al Norte de estas islas a favor de la corriente, marcando el capitán el rum-

bo para pasar por entre las islas Pulo Timaon
y Anambas.

Entramos en el mar de la China pasando cerca de la isleta Puno Pinan. Una vez vencidas las
dificultades y en el paralelo de Siam, enderezamos
el rumbo a la Punta Capones de Luzón, y después
de algunos días se dio vista a este Cabo y al de
Mariveles.

En Manila pasé tres meses. La vida allí era di-
vertida, y el tiempo me pareció bastante corto.

II

VUELTA A EUROPA

En Cavite, donde anclamos, presenciamos a me-
diados de octubre los efectos de un tifón, que cau-
só la pérdida de doce barcos fondeados en la bahía
y arrojados a la playa por el temporal. Llegó di-
ciembre y nos mandaron ciento cuarenta toneladas de azúcar, y después sacos de nipa para lastre
y gran cantidad de fardos de tabaco.

Los marineros indios y filipinos estaban llenos
de ilusión, pensando volver a Cádiz; decían que
las gaditanas de los suburbios les solían decir:
Ven aquí, monito querido. Estos indios compraban en Cádiz un sombrero calañés, una faja de
color, donde ponían un cuchillo o un puñal con el
mango adornado, y con esto se sentían grandes.

La víspera de la salida se embarcaron víveres:
gallinas, patos, gansos, calabazas, plátanos y naranjas; se pasó lista, se puso la fragata a la vela,
se gobernó en busca de la isla del Corregidor, y se
puso el rumbo a la costa de Cochinchina.

Cruzamos al ras de la isla Pulo Sapata, que se
distingue por un pico muy alto; dimos vista des-

pués a Pulo Condor y tomamos el rumbo de Singapore. Fuimos cerca de Tioman, isla llena de árboles verdes; dejamos Singapore a nuestra derecha y anochecimos a la vista de la isla de Bangka. Se fondeó para pasar de día el estrecho, angosto y peligroso, de Gaspar, y estuvimos anclados hasta la mañana siguiente al amanecer, en que se volvió a levar, y avanzamos sin novedad por el Estrecho de la Sonda.

Al aproximarnos a la isla de Java nos dijeron que había que vivir prevenidos, y no acostarse sobre cubierta. Se aseguraba que el relente producía fiebre. Yo no sé si el carácter malsano del relente era una realidad o una ilusión. ¡Hay tanta fantasía en estas afirmaciones!

Al remontar el Cabo de Buena Esperanza tuvimos golpes de mar terribles. Pasamos cerca de la ciudad del Cabo, muy blanca; a lo lejos vimos el monte de Tablas y seguimos subiendo hacia el Norte por la costa de Africa, con temporales, grandes truenos y relámpagos.

Suele haber por allí trombas, mangas de agua en dirección contraria al viento, y es muy expuesto para el buque tropezar con estas moles enormes de líquido.

Uno de mis condiscípulos, José de Hoyne, hijo de San Sebastián, que hacía su primer viaje de piloto en La Constancia, naufragó en el Golfo de Guinea; le cogió una de esas mangas y perecieron todos los tripulantes, menos tres marineros que pudieron salvarse sobre el casco destrozado del buque.

A estas trombas del Golfo de Guinea eran a las que llamaban los españoles antiguos *tornados,* pero la palabra se ha aplicado después más a los huracanes de la América del Norte.

Cuando volví a Cádiz, fui a la casa de huéspedes de una paisana mía de Algorta, en la calle de los Flamencos borrachos, que me dio una buena habitación, y en donde seguí hospedándome durante largo tiempo.

III

CHIMISTA Y LOS FRAILES

El segundo viaje de Cádiz a Filipinas lo hice en la fragata Zafiro, al mando del capitán don José Aquilino de Tutón, donostiarra de nacimiento. Había que llevar treinta y dos dominicos a Manila. Estaba alquilada para ellos toda la cámara. Además de los frailes, tomaron pasaje ocho oficiales de Ejército, y seis particulares, entre ellos Chimista y su mujer. Me alegré mucho de verlos.

En el hotel donde estaban alojados en Cádiz pasamos un día juntos.

Dolly habló de sus hijos y de la vida que había hecho últimamente. Chimista me dijo que estaba harto de América; era un continente que para él no tenía más que un interés geográfico y a quien querían dar un valor social.

—Esas repúblicas hispano-americanas no marchan. Son catorce o quince hijas sosas que ha tenido España más allá del mar que la han aniquilado y que no le van a dar ningún lustre.

Chimista iba a Filipinas a pasar una corta temporada, como representante de una sociedad for-

mada para explotar la riqueza de aquel archipiélago.

—¿Y no estará en Filipinas nuestro amigo el
doctor Mackra? —le pregunté.

—Sí, creo que sí; pero ya retirado, no es pro-
bable que nos tropecemos con él.

—¿Seguirá ejerciendo de vampiro?

—No sé.

Me pareció que a Chimista no le gustaba hablar de su antiguo socio.

Chimista me dijo que la sociedad suya había
comprado una finca en la isla de Negros y
construido una casa rústica en una vertiente del
monte Solitario, en un sitio muy sano y muy bonito, donde pensaba residir mientras viviera en
Filipinas.

Dolly se mostraba entusiasmada con las descrip-
ciones pintorescas de su marido. Dolly había de-
jado en Inglaterra a sus dos niñas en un colegio.
Ana estaba casada con un aristócrata inglés, pero
no se entendía bien con el marido y vivía en un
castillo del Devonshire con una tía suya, lady
Arundel.

—A Ana le ha pasado como a usted —me dijo
Dolly—; no ha sido feliz en su matrimonio.

Dolly todavía parecía una muchachita por su
agilidad y su travesura.

Hablamos Chimista y yo de los hombres que
fueron con nosotros en los viajes que hicimos en
la juventud y de la primera expedición al Africa.
El capitán Oyarbide, retirado, vivía en Hambur-
go; Verdillon, en Jamaica; el contramaestre Lo-
zano seguía en La Habana, en una tienda de bebi-

das, y Cortés, el español, estaba en un convento en Burgos.

Luego que el buque quedó listo, bajamos desde Sol de Puntales a la bahía. Por la mañana se dio principio al embarque de los víveres, y a eso de las once llegaron a bordo los pasajeros; al poco rato, en un gran falucho, el capitán, los armadores y los treinta y dos frailes, y un momento más tarde, la escampavía del capitán del puerto. Se comenzó a pasar lista.

Se puso la fragata a la vela en demanda de fuera, estuvo un momento en franquía, se largó la amarra del bote del práctico y comenzamos nuestro viaje con rumbo a las Canarias.

El capitán había recibido instrucciones de los armadores para dispensar un trato de favor a los frailes. Llevaban éstos, por separado, dos frasqueras de los mejores vinos y licores, cuatro arrobas de chocolate, tres de bizcochos y quinientos tabacos cada uno; así que comían, bebían y fumaban hechos unos papataches.

Los militares, además de fumar y beber, jugaban al monte; cuando no, discutían de política, y, sobre todo, de la rivalidad entre Narváez y Espartero.

Durante el viaje, Chimista y su mujer constituyeron el gran atractivo del barco. Los militares y los frailes estaban siempre agasajándoles y convidándoles. Chimista contaba las historias extraordinarias de costumbre, y además de esto, cantaba y tocaba la guitarra.

A los pocos días de navegación, los militares

que iban en el barco tomaron cierta ojeriza in-
motivada a los frailes porque éstos se trataban a
cuerpo de rey, y pensaron en embromarles. Se
les ocurrió construir unos faroles de papel y alambre, ponerlos sobre unas tablas, echarlos al mar
de noche y decir que eran luces de barcos piratas.

Así se hizo con el permiso del capitán, y a las
dos de la madrugada uno de los marineros gritó
con toda su voz: ¡Tres luces a popa!

Los marineros y oficiales salieron de sus ranchos y de sus camarotes a presenciar esta novedad, y los frailes hicieron muchos comentarios
de lo ocurrido. Como, al parecer, todos ellos llevaban un diario, apuntaron el suceso en sus libros.

Aquellos frailes se las arreglaban para vivir
muy cómodamente. Por la mañana, antes de tomar el desayuno, rezaban los maitines sentándose
a la mesa del comedor la mitad a un lado y la
otra mitad al otro. A las tres de la tarde cantaban
las vísperas, cada uno con su libro en la mano,
comían a las cuatro y hacían tertulia hasta las
ocho.

Dos de los frailes de los más importantes, el
padre Martín y el padre Ernesto, decían misa
todos los días de fiesta; se formaba un altar en re-
gla con su crucifijo, se tocaba la campana y a la
tercera campanada se daba principio a la misa.

El padre Ernesto era un valenciano grueso,
abultado, barbudo, con una voz un poco chillona.
El padre Martín era flaco, moreno, con los ojos
hundidos y el pelo negro con mechones blancos.

Los armadores habían recomendado al capitán
que todos los oficiales y marineros oyeran misa,
y rezaran el rosario por la noche. Frailes, milita-

res, marinos y pasajeros estábamos obligados a la misa diaria. Los únicos exentos de esta obligación eran Chimista y su mujer, porque se les consideraba como ingleses y protestantes.

Yo, siempre que tenía algún rato libre, iba a la toldilla a charlar con ellos. Chimista contaba a su mujer las aventuras en que intervinimos ambos, exagerando y haciendo comentarios fantásticos. Cuando Chimista hablaba con Dolly tomaba un aire infantil.

—¡Qué loco!, exclamaba ella, mirándole con entusiasmo.

Me dijo Chimista que la sociedad a que pertenecía pensaba comprar grandes haciendas en Filipinas, y explotarlas. A él, como marino, le dieron la misión de visitarlas, e iba a ir a las distintas islas con su mujer y con el negro, Commoro, que les esperaba en Manila.

—¿Y no hay peligro en esa empresa? —le pregunté.

—No.

—Porque ya nos vamos haciendo viejos, Chim. Entonces él contestó:

—Gatua, oñic busti gabe arrantzalle. (El gato, sin mojarse los pies, es pescador.)

—Sobre todo cuando ya es viejo —añadí yo.

Pasada la línea ecuatorial, seguimos navegando en dirección del Brasil con vientos del tercer cuadrante, muy fuertes. Como la fragata Zafiro estaba bastante derrotada, le habían puesto en Cádiz un forro de tablas. El temporal le arrancaba estas tablas una a una. Pronto comenzó a entrar el agua en la bodega, hasta alcanzar seis pulgadas por día.

Por más que se buscaban los agujeros, se tapaban y se calafateaban, no se resolvía nada. Los embates del mar destruían todas las composturas; la cosa se iba poniendo seria, los pasajeros estaban sobresaltados. El principal de los frailes, el padre Martín, se presentó al capitán, ofreciendo los servicios de toda la comunidad para trabajar en las bombas; el capitán se lo agradeció, y los frailes estuvieron dale que dale, mostrando mucha más energía y vigor que los militares.

Cuando el viento amenguó se largó más aparejo, pero una racha imprevista nos llevó la segunda mayor; el capitán Tutón, intranquilo, inspeccionaba a todas horas las tablas de los forros de los costados que se iban soltando.

A los pocos días hubo una nueva alarma; estábamos al final del rosario, en la letanía, cuando llegó a popa el cocinero, muy sofocado, diciendo al capitán que por la proa entraba tanta agua como por la boca de un molino. Suspendimos el rosario y fuimos a descubrir la brecha y a cerrarla.

Al pasar la línea se celebró la ceremonia de costumbre. El dios Neptuno, acompañado de varios diablos y diablillos, se apoderó del barco, matando al piloto, al timonel y al resto de la tripulación. Lo hicieron tan a lo vivo, que algunos frailes ingenuos se asustaron, creyendo que había algo de verdad en aquella farsa.

A pesar de que todos los frailes se manifestaron en el viaje muy amables, trabajadores y serviciales, los militares quisieron darles otro

chasco, y pidieron permiso para ello. El capitán
Tutón lo concedió, con el fin de matar el aburrimiento de la travesía.

Hicieron correr los militares la voz de que en
los Estrechos, y sobre todo de noche, solían venir al costado de los barcos, moros salvajes a asesinar y a robar a los tripulantes y a los pasajeros;
por este motivo había que estar a bordo armados hasta los dientes.

Los frailes, durante noches enteras, no descan-
saban, pensando en el ataque posible de las lanchas de los moros.

Los militares escogieron una noche oscura de
semicalma para la broma.

Se tiraron al mar, sin que los frailes se entera-
ran, seis pequeñas tablas con faroles, y al alejarse estas luces se dio la voz: ¡Moros en la costa!
Todos se pusieron en pie; los marineros y los militares echaron mano a los cañones y comenzaron
a hacer fuego contra las luces.

Los frailes subieron a cubierta sin aliento y en
calzoncillos, tomaron los fusiles y se armó un combate naval quijotesco, hasta que desaparecieron
las luces. Alguno decía: ¡Por allí, a popa, se ve
otra luz!, e iban los frailes con el fusil en la mano,
descalzos y en calzoncillos, a ponerse en la borda
y a disparar.

Fue una escena capaz de desternillar a cualquiera de risa. Todos nos reímos, menos Chimista, que salió en defensa de los frailes y dijo que
la broma le parecía estúpida y que, en caso de ser
verdad el ataque, los frailes se hubieran mostra-
do, probablemente, los más valientes de todo el
barco.

Los dominicos anotaron en su libro el acontecimiento del ataque moruno; pero en Manila llegaron a saber la burla, y dieron parte al superior de la Orden contra el capitán; éste tuvo que explicar lo ocurrido, asegurando que no pasó de una broma dada a todos los pasajeros, para matar el aburrimiento del viaje.

Los frailes se enteraron de la defensa que de ellos había hecho Chimista y le obsequiaron en Manila muy finamente. Chimista, entonces, disertó acerca de los piratas, y se refirió a los Colo-Kyntho-piratas, piratas enanos, fabulosos, que, según un cuento de Luciano, navegaban sobre grandes calabazas, en las cuales las hojas servían de velas y las pepitas de proyectiles.

Se dio vista a la isla Sumbava al anochecer, con poco viento y muchos remolinos de corriente, y se fondeó cerca de ella. Al otro día los pasajeros pidieron al capitán permiso para pasar a tierra, y el capitán lo concedió. Fuimos todos. marinos, militares y frailes a la isla de Lombok, y al poco tiempo de caminar hallamos un camposanto entre unos árboles magníficos. En los troncos leímos los nombres de los buques, de los capitanes y pasajeros llegados a la isla.

La isla de Lombok, del archipiélago de la Sonda, es una isla fértil, con campos de maíz, algodón, arroz y tabaco. Los naturales de esta isla se llaman sassak.

Caminamos hacia el interior, y llegamos a una aldea en donde presenciamos un baile de doce parejas de indios que, al son de un tambor, un bombo y una guitarra del país, bailaban un baile guerrero.

Al volver a la costa me chocó ver al patrón de una goleta, surta en el muelle, que miraba atentamente a Chimista. Era Radjon, el dayak; se acercó a nosotros, contempló fijamente a Chimista, y dijo: ¡Eclair! ¡Eclair! ¡Adelante! ¡Adelante! ¡Hurra!

Chimista le dio la mano y estuvo hablando con él.

Al parecer, el dayak le dio noticias del doctor Mackra, que vivía enfermo y retirado, medio ciego, en una finca de la isla de Mindanao.

Radjon el dayak le dijo después, señalando a unos indios que estaban en un *parao*, y luego a los dominicos, que nos acompañaban:

—Si fueran solos esos frailes, no durarían mucho.

—¿Por qué?

—Porque esos se los comerían. Están acostumbrados a comer carne humana.

—¡Quién sabe quién se comería a quién! —dijo Chimista—. El fraile español es muy duro de pelar.

Volvimos al barco, nos hicimos a la vela y pronto remontamos el extremo de las dos islas, Flores y Sumbava.

Pasamos también por entre innumerables bajos de coral, y después por delante de la isla llamada del Paternoster Grande. De aquí entramos en el Estrecho de Macasar.

A la tardecita se vio en la costa de Oriente de la isla de Borneo varias piraguas grandes, o pancos, y poco después otras, llegadas, probablemente, del lado de las islas Célebes. En conjunto se reunieron veinte o treinta embarcaciones piratas, tripuladas por moros. Yo las estuve contemplando con el anteojo. El capitán mandó cargar toda la artillería con metralla. Las piraguas no se acercaron, y no hubo necesidad de emplear los cañones.

Por la mañana se lanzaron al mar una ballenera y un bote, se sondeó el paso del tercer Quijano, y marchando con poca vela, pasamos al Norte de Paternoster Chico.

Al hallarnos sobre la isla Pamaroong, aparecieron otra vez varios pancos grandes, llenos de moros, que fueron aumentando en número hasta formar una pequeña escuadra. Había lo menos cincuenta barcos con trescientos hombres. El capitán preparó los cañones, puso los artilleros en su puesto, se trajeron fusiles del armero y se distribuyeron cartuchos.

Los moros piratas de estas islas son, según se dice, muy ágiles y diestros para el abordaje; suben por los cordeles más delgados con la rapidez de un mono, y en un momento son capaces de degollar a una tripulación entera. Si aquel día llega a faltar el viento, las barcas piratas nos hubieran atacado; pero la brisa fuerte nos hizo marchar a toda vela y nos evitó el combate.

Pocos días después se dio vista a la pequeña isla de San Bernardino, colocada fuera del Estrecho del mismo nombre; luego a las islas de Ticao y de los Naranjos, y dos días más tarde a la punta de Lechones y de Mariveles, y a la isla del Corregidor.

En aquella noche muchos no se acostaron de

alegría, los frailes no se mostraban tan conten-
tos; algunos temían que los enviaran a Macao o
a Shanghai y de allí al campo, en donde con gran
facilidad, el mandarín chino, que detestaba a los
misioneros, cogía al diablo blanco y lo empalaba
o le sometía a algún terrible martirio.

IV

EMBARRANCAMOS

Cargados de tabaco salimos para Cádiz, de retorno, con buen tiempo. La fragata, como vieja, marchaba cada día de mal en peor. Al llegar al Cabo de Buena Esperanza nos cogieron las mares gruesas y no tuvimos más remedio que embarrancar en los arenales, muy cerca de la capital. Por aquellos días recaló en la ciudad del Cabo una gran fragata inglesa, cargada de carbón de piedra, llegada de Swansea.

Nuestro capitán se entendió con el inglés para que éste, a su vuelta, llevase hasta Cáliz a la tripulación y la carga.

Yo me decidí a dejar la Zafiro y a volver a Filipinas. Entré como pasajero en el brick inglés el Myrmidon, hasta Singapore. En Colombo fondeamos cinco millas cerca de tierra, y el capitán mandó llevar a su barco doscientos fardos y cajas. Con vientos al Oriente se volvió a hacer la remontada, y llegamos a Singapore.

Había allí un buque español, cargado, para Manila, y a su capitán, conocido mío, le pedí pasaje. El barco se llamaba el Centauro.

Cuando quise pagar al capitán inglés del Myrmidon, éste me dijo:

—No quiero que me dé usted nada, a usted le hace más falta ese dinero que a mí; los dos somos marinos, y el día menos pensado me veré en el mismo caso que usted.

Como no quería cobrar el inglés, ni tampoco el andaluz, les invité a los dos a almorzar en el hotel de Londres, el mejor de la ciudad por entonces.

Singapore era, por esta época, el punto en donde se unía el mundo europeo con el del Extremo Oriente. En el hotel de Londres se veían toda clase de tipos, marinos y comerciantes, ingleses, franceses, españoles, holandeses, negros, japoneses y chinos.

En el hotel presencié una disputa entre un piloto holandés y un capitán francés. Discutieron por cuestiones de patriotismo. Comenzaron a debatir acerca del poder de las diferentes marinas, y de aquí pasaron a hablar de las guerras navales. El francés dijo que había visto el monumento a Waterlóo, de Batavia, y aseguró que no era un león con el mundo, sino un perro de lanas con un queso holandés en las patas. Esta clase de impertinencias los franceses consideran como la flor y nata del ingenio de su país.

El holandés tomó la frase por un insulto a su patria, e invitó al francés a salir a la calle y andar a trompicones. El encargado del hotel y algunos que estaban cerca calmaron a los dos marinos.

Al día siguiente salimos de Singapore en el
bergantín Centauro, y en pocos días nos acercamos a Manila. Al llegar me presenté en la Comandancia del puerto, y pedí permiso para navegar en
aquellos mares; permiso que me concedieron inmediatamente.

V

COSTUMBRES MARINERAS FILIPINAS

A los pocos días de mi estancia en Manila me presentaron a un comerciante montañés, don Martín de Baranda, quien me entregó el mando del bergantín Rosario.

Al bergantín Rosario, de doscientas cincuenta toneladas, le correspondían dieciséis hombres de tripulación, dos cañones de a doce, quince fusiles y otros tantos sables. El buque, como de cabotaje, no tenía piloto, sino únicamente contramaestre.

Mi sueldo sería sesenta duros al mes y la cámara libre para lo que quisiera llevar de pacotilla, y en caso de tomar pasajeros, la mitad para el dueño y la otra mitad para mí.

Cuando el buque quedó listo, fui a la Comandancia de Marina, con un talego de duros en la mano, y allí escogí mi tripulación: contramaestre, cocinero, gavieros y muchacho de cámara, pagándole a cada uno de éstos un mes adelantado. En el primer viaje llevé como pacotilla garrafones de vino español y de aguardiente y cuarenta canastas de patatas de China.

En aquel barco, y sin más que un contramaestre, me veía en la precisión de quedar sobre cubierta constantemente para no exponerme a que embarrancara el buque.

Los marineros, ni de día ni de noche hacían guardia; de noche dormían sobre la cubierta sin usar cama ni más ropa que la puesta.

Como los indios tenían el sueño tan pesado y no se despertaban con las voces, me agencié unas cañas de bambú para despertarles a trastazos. No había otro medio.

Cuando me hallaba cerca de la costa gritaba repetidas veces: «¡Arriba todo el mundo! ¡Cada uno a su puesto!», y como nadie se ponía en pie repartía tanta leña que, al fin, se despertaban y me decían: «No pegar más, señor capitango; estar despierto.» Me encontré también que algunos de los marineros contratados por mí no eran tales marineros, sino cocheros y limpiabotas de Manila.

Durante todo el día tenía que estar en continua vigilancia con aquellos hombres para que no me hicieran alguna barbaridad.

A las ocho de la noche los marineros cantaban el Rosario en alta voz, y concluido éste se acercaban a popa todos, uno a uno, con el gorro en la mano, diciéndome: «Buenas noches, señor. Buenas noches, nostramo», y se retiraban en seguida.

Algunas de las pequeñas goletas que navegaban todavía en Filipinas eran muy viejas, tenían casi todas mascarones de proa dorados.

Muchas llevaban en la rosa de los vientos de

la bitácora un barco pintado, y en el castillo de
popa de éste una virgen con su niño. Vi también
la rosa de los vientos de los barcos chinos y japoneses, que no tenía más que doce rumbos y
unos animales fabulosos dibujados con mucha
gracia.

VI

POR LOS ARCHIPIELAGOS

Durante el tiempo que pasé de capitán en Manila visité casi todas las islas del archipiélago filipino, principalmente las de Mindanao, Burias, Ticao y la de Masbate. Mi armador se dedicaba al comercio de abacá y de tabaco. Don Martín de Baranda gozaba de buenas relaciones comerciales y frailunas.

El tal Baranda era un hipócrita, de palabras muy dulces y suaves. No le gustaba llamar a las cosas por su nombre, todo tenía que estar velado por una fraseología púdica. No se engañaba ni se robaba, ¿para qué emplear palabras duras?

A mí me era antipática esta reserva, porque yo he sido siempre de los que han llamado al pan, pan, y al vino, vino.

Según me contó un comerciante español, a quien conocí en la casa donde vivía Chimista, la amistad de Baranda les salió a los frailes muy cara. Baranda recibió de los dominicos de Manila treinta mil duros, al cuatro por ciento, y como Baranda había sido abogado o procurador, uno de

estos oficios de granuja, y era hijo de un escriba-
no muy astuto, hizo una trastada. Baranda convidó a comer en su casa al prior del convento para
firmar la escritura del dinero que había recibido.

Redactaron un documento, lo firmaron ambos,
el padre prior guardó el papel y se pusieron a
comer opíparamente.

Llegó la época del plazo de entregar el dinero,
el prior buscó el documento y no encontró la fir-
ma de Baranda. Según se dijo, Baranda, que sabía de química, compuso una tinta especial, que
al mes quedó completamente borrada.

—Gure catuac bustana luce
bera bezala besteac uste.

(Nuestro gato tiene la cola larga; lo mismo
la tienen los demás), así dijo Chimista cuando
oyó este relato.

Después de viajar por Mindanao y Masbate estuve en Lingayen, provincia de Pangasinan, y en
Cebú, a comprar arroz y nipa.

Cebú es una isla en donde hay una gran cantidad de insectos, una abundancia extraordinaria
de bichos de todas clases: hormigas, arañas, ala-
cranes y ciempiés. Se pone uno a cenar en la mesa,
y sin saber cómo ni cuándo, el borde de los platos se llena de hormigas o de ciempiés venenosos,
o se caen tres o cuatro cucarachas en la sopa. Si
es uno escrupuloso tiene que dejar de comer.

En la isla de Cebú conocí al banquero bilbaíno
don Nicolás de Olaguibel. Al tercero o cuarto viaje, mi armador Baranda me dijo que quería darme el mando de otro buque de mayor porte, el

bergantín de dos gavias y de trescientas toneladas llamado Clavileño, armado con cuatro cañones. El señor Baranda no se portaba del todo bien conmigo, me escamoteaba mis comisiones y me dejaba de pagar siempre que podía.

Seguí viajando en el Clavileño. El mayor comercio nuestro, además del tabaco, era llevar abacá ya preparada. El abacá es un arbusto parecido al plátano, del que se sacan unas fibras para hacer cuerdas.

En uno de los viajes vino conmigo Chimista. Me dijo que había recorrido ya casi todo el archipiélago y comprado un gran terreno en la isla de Cebú, de bosques, en donde estaba en aquel instante Dolly, dedicada a la entomología. Tenía en explotación una finca en la isla de Negros. Había hablado en Mindanao con el sultán de Cotabato, una especie de mono con la boca roja por el betel, quien le autorizó a comprar tierras en sus posesiones.

Vino Chimista conmigo a Mindanao. Llevaba yo en el barco un piloto joven, habilitado, que escasamente tendría veinte años, un tal Iturriza, de Zumaya.

Iturriza era un buen chico, cumplidor y formal, un poco pesado de inteligencia. Su defecto era que siempre tenía sueño. Dormía, como un cesto, horas y horas sin moverse ni cambiar de postura. Tenía que examinarse de matemáticas para su título de piloto, y estaba muy preocupado con esto.

Chimista, que era autodidacto y que sabía de todo, le explicó algunas cosas que el muchacho no entendía bien. Luego, para embromarle, le hacía preguntas capciosas de pronto.

—A ver, Iturriza, ¿cuántos kilogramos de distancia hay desde Manila a Hong-Kong? —le preguntaba.

—No sé... ¿Habrá quinientos? ¿Habrá ochocientos?

—No seas tonto... Kilogramos es una medida de peso.

—Tiene usted razón. A ver, pregúnteme usted otra cosa.

—Si un chino come con los palillos cuatro granos de arroz por segundo y cada cubo tiene una cabida de cinco libras, ¿cuánto tardará en comerse el cubo?

—Pues tardará... a ver... a ver...; dice usted que...

—No, no hay manera de averiguarlo. Es un problema mal planteado, porque no se dice lo que pesa cada grano de arroz.

—Tiene usted razón. Es verdad.

—Es lo primero que hay que ver en todo problema. Si está bien planteado, porque si no lo está, todo esfuerzo es cosa perdida.

—Hazle caso a éste —le decía yo a Iturriza—, que sabe lo que dice.

—Ya lo veo —contestaba él.

Cuando arribamos con el buque al puerto de Zamboanga, en Mindanao, nos encontramos con un gran barullo.

El bergantín Oquendo, de la casa Menchacatorre y Compañía, llevaba como capitán a un andaluz, Mercader, y como piloto a un vizcaíno, de Plencia, llamado Igartua. El bergantín navegaba en aquel momento con cuatro oficiales de Marina de guerra y otros pasajeros.

El capitán Mercader, meses antes, llevó a bordo a una mestiza guapa, querida suya, y el piloto Igartua, más joven y de mejor tipo, se entendió con ella. A la mestiza y al plenciano se les ocurrió que, como el capitán les estorbaba, lo mejor era deshacerse de él envenenándole, y comenzaron a echarle arsénico, para matar ratones, en el chocolate. Viendo que no acababan con él aumentaron la dosis.

El capitán se puso malo, y extrañando su enfermedad, porque tenía una salud de roble, y preguntando a uno y a otro, descubrió el envenenamiento por el muchacho de cámara.

Mercader, frenético de rabia, cogió un puñal y una pistola, halló a la mestiza en la cama y la cosió a puñaladas, dejándola muerta. Al momento, acometió al piloto Igartua, le dio cuatro puñaladas, y al ir a clavarle el puñal por quinta vez, se le rompió la punta.

Un pasajero inglés, viéndole como un energúmeno, disparó a Mercader un pistoletazo, atravesándole con la bala la gorra. Los militares quisieron sujetarle; el capitán se tiró al mar, y como sin duda no quería ahogarse, comenzó a nadar; lo recogieron los marineros y lo amarraron.

Al capitán y al piloto los condujeron a tierra, y después al fuerte de Santiago. Al principio, el andaluz y el vizcaíno se echaron en cara muchas cosas.

Chimista fue a verlos; los tranquilizó, los puso de acuerdo y los dos marinos decidieron fingirse locos y fueron absueltos. Al cabo de algún tiempo, Mercader se instaló en Cádiz de corredor de comercio, y el piloto Igartua se casó con una limeña muy rica y fue después comerciante en Sevilla.

Desde Zamboanga determiné hacer la derrota por el mismo paraje por donde fui la primera vez, pasando por la Cabeza de Bondog, de la isla de Luzón.

Aquellos viajes tenían muchas molestias. Había que navegar, contra el viento, por canales estrechos, llenos de bajos de arena, de concha y piedras; luchar con corrientes y remolinos y pasar semanas enteras de calma chicha, con un sol insoportable.

Yo no estaba nada contento con la tripulación, excepto el piloto Iturriza, joven serio, formal y que cumplía muy bien su servicio, aunque siempre estaba durmiéndose; lo demás valía poco. Unicamente, entre la marinería, el muchacho de cámara me era fiel.

Entre estos muchachos suele haber algunos que tienen mucha ley a sus capitanes. En general, suelen ser muy fieles.

Por no dar crédito a uno de ellos asesinaron y descuartizaron a mi antiguo amigo y paisano José de Basaguren. Algunos de estos chicos decían que cuando su capitán no les pegaba de cuando en cuando alguna morrada, no les tenía cariño. El peor castigo para ellos era mandarles cortar el pelo.

Hice, por entonces, en el Clavileño un viaje a Singapore, con carga y pasajeros. A la vuelta fui por el paso del Sudoeste, entre las islas de Bitang y Batán, por el Estrecho de Carimata, tomando el mar de Java y pasando por los caminos antiguos del Estrecho de Macasar.

El Estrecho de Macasar es el brazo de mar que separa la isla de Borneo de las islas Célebes y que une el mar de las Célebes con el de la Sonda.

Este Estrecho, sembrado de bajos y de rocas, tiene en medio el grupo de las islas de Bala-Balagan. Es aquélla una navegación muy penosa; hay que vivir siempre alerta, sin descanso, para no tropezar con algunas piedras desconocidas. Las calmas alternan allí con las turbonadas.

Una noche tuve un gran terror, creyendo que el buque embarrancaba y se hundía; pero no había nada de esto; la tierra temblaba con un terremoto subterráneo por debajo del agua y el barco se estremecía, moviéndose, como si estuviera borracho, en todas direcciones. La impresión del temblor de tierra submarino es horrible.

Yo, al menos, sentí un terror espantoso; no así Iturriza, a quien le vi soñoliento y bostezando.

—¿Pero no has oído? —le dije.

—¿Qué?

—El temblor de tierra.

—Bah. No ocurre nada. No se ocupe usted de eso —dijo él.

Para aquel bárbaro, lo principal en la vida era dormir. Hubiera dormido sobre un polvorín con la mecha encendida.

Pasaba la cuarta vez por aquellos Estrechos, y mandé a mi piloto Iturriza que estuviera des-

pierto y cargara los cañones de bala y metralla
hasta la boca, por si algún panco pirata se nos
acercaba.

Al amanecer de uno de estos días se nos acercó por babor un panco grande, que navegaba sólo
a vela. Miré con el anteojo y vi que estaba armado y llevaba mucha gente sobre cubierta.

Llamé a Iturriza y sacamos los fusiles, las pistolas y los sables del armero, por si nos atacaban.

Me sorprendía la quietud de la gente en la cubierta. Estaban los hombres, sobre las bordas, sin
moverse. Si eran piratas eran muy disciplinados.
Miraba el barco, y cada vez me chocaba más la
inmovilidad de aquellos hombres. Recelaba una
emboscada, algún ardid, aunque no comprendía
cuál.

En esto, por detrás de uno de los bajos de coral, aparecen dos barcos piratas, que avanzaban a
vela y a remo a gran velocidad. Comprendí el engaño y me eché sobre la rueda del timón para
virar. El primer barco no llevaba gente, sino, a
lo más, un timonel, y lo habían hecho avanzar
para entretenernos y fingir un ataque. Iturriza
comprendió también la celada y mandó, con habilidad, la maniobra.

Los dos barcos piratas venían disparados a nosotros; afortunadamente había viento; se hizo la
maniobra de prisa, y cuando estaban los piratas
encima se les enfiló y se les soltó una andanada de
metralla que les hizo un gran destrozo. Uno de los
barcos todavía pretendió acercarse. Le contesta-
mos con una descarga de fusilería. En tanto, se
habían vuelto a cargar los cañones. Iturriza, hom-

bre tranquilo y frío y de buen pulso, apuntó bien e hizo pedazos el barco.

No quedaron más que restos en el mar. Volvimos a cargar los cañones de metralla hasta la boca.

Teníamos buen viento. Seguimos nuestra ruta y llegamos al Estrecho de San Bernardino. El buque era muy velero y en las bonanzas avanzaba maravillosamente.

Al hallarnos sobre la isla de Ticao, y como el barómetro bajaba mucho, quizá anunciando un baguío, determiné entrar en la rada de Sorsogón. El estuario de Sorsogón se encuentra en el paso del Estrecho de la isla Verde al de San Bernardino, y es el puerto más seguro de aquellos parajes. Decidí fondear allí, anclar con las dos anclas y amarrar bien el buque con dobles cadenas. La baja del barómetro se resolvió en un temporal que duró un par de días. Iturriza se aprovechó para dormir como una piedra.

Tenía que esperar en Ticao a quince pasajeros, entre ellos al gobernador de Albay y a un ingeniero de Minas. En el momento de zarpar largaron en tierra banderas y disparos de cañón; el gobernador, un tanto fantasioso, me pidió que contestáramos a las salvas.

—No puedo hacerlo inmediatamente —le dije.

—¿Por qué?

—Porque tengo los cuatro cañones cargados con metralla hasta la boca, y habría que descargarlos.

—¿Qué le importa a usted? —me dijo—. Dispare usted con metralla. No ha de dar a nadie.

Seguí su consejo y mandé a Iturriza que disparase. Todas las puertas de los camarotes de cristal y una galería de la cámara alta, también encristalada, se hicieron pedazos con el estruendo. No sé si tendrían más carga de pólvora los cañones que las otras veces.

—¿No has notado al primer cañonazo lo que pasaba? —le pregunté a Iturriza.

—Sí; pero he obedecido. Yo no tengo que meterme a discutir las órdenes que me dan —me contestó de mal humor.

Tenía razón y no le dije nada.

VII

UNA FINCA EN DAVAO

El siguiente viaje lo hice también a Mindanao a cargar abacá y a llevar enseres y máquinas a Davao para una finca que alquiló Chimista para su sociedad. Con Chimista iban un ingeniero y dos colonos, que pensaban quedarse allí.

Davao está en el Sur de la isla, entre el Golfo de Mayo y la punta de Malatuna.

El Cabo Sarangani, de Mindanao, elevado y montañoso, se distingue a más de cuarenta millas de distancia. Delante de él se levantan las dos islas Sarangani, y después del Cabo, la costa se remonta al Norte, destacando varias puntas, entre ellas la de Calian, donde comienza el gran seno de Davao.

Este seno se halla ceñido al Oeste por la sierra del Apo, y al Este por el extremo de la cordillera que desde Surigao atraviesa de Norte a Sur toda la isla. El Golfo de Davao tiene, en general, costas altas, limpias y acantiladas.

Su parte Oeste, desde la punta Calian, se dirige al Norte en una línea de treinta y seis millas; forma después un golfo al Oeste, y corre luego, para dibujar el semicírculo o fondo del seno, obstruido al Sur, por las islas de Samal, la pequeña Talicud y los islotes de Cupiat.

La costa oriental del mismo seno tiene varios poblados y acaba en la punta de San Agustín, que separa el de Davao del Golfo de Mayo.

Los moros de Mindanao me parecieron robustos, la piel negruzca cobriza, cabello negro y lacio, ojos negros, pequeños, de mirada viva, suspicaz y maliciosa, nariz ancha, pero no aplastada. Usaban, entonces, el campilán, sable ancho y de afilada punta, con un penacho de pelo en el puño; el cris, sable corto, de hoja flameada; flechas, lanzas y algún fusil.

Según me dijo Chimista, tenían aquellos indígenas mezcla de sangre china y mejicana: china, por la inmigración de los celestes, y mejicana, de los mejicanos escapados de los presidios de Sabanilla, Zamboanga e Iligan, que renegaban y se casaban con moras.

Vestían los maguindanaos una camisa abierta, pantalón ancho, faja en la cintura y pañuelo blanco o de color anudado a un lado en la cabeza. Las mujeres llevaban un traje talar, sujeto por debajo del pecho, generalmente blanco, y en algunas comarcas azul.

Con una comitiva de moros maguindanaos subimos por la falda del monte Apo el ingeniero y los colonos.

El ingeniero nos explicó la formación de aquellos montes.

—Casi todas las montañas de esta isla —nos dijo— son volcanes: unos, en actividad, y otros, extinguidos; en todo su sistema montañoso se revela el carácter plutónico. Los volcanes debieron contarse en otra época en gran número, pues las lavas se encuentran en diversos puntos. El monte Urdaneta, y el monte Apo —añadió— son los más altos de Mindanao.

El monte Apo tenía todavía erupciones volcánicas frecuentes; estaba a unas quince millas al Oeste del seno de Davao. Era un monte de suaves declives, cuya cima constaba de tres picos, en el más alto de los cuales se hallaba el cráter de un volcán. Mucho antes de llegar a él se oían ruidos subterráneos.

Llegamos a la finca y la recorrimos de un lado a otro. Era una finca hermosa. El capataz, un mestizo, nos la mostró.

—¿Sabes a quién ha pertenecido esta posesión? —me preguntó Chimista.

—¿A quién?

—Al doctor Mackra.

—¿En qué lo has conocido?

—Me ha chocado ver plantaciones de yohimbo y de adormidera, y después un hornillo con unas retortas rotas. He preguntado al capataz quién ocupó antes la casa y he podido comprender que era el doctor Mackra.

—En fin, vale más no encontrarlo.

Dejamos a los colonos y al ingeniero en Davao con sus máquinas y sus enseres, y Chimista y yo volvimos a Manila.

QUINTA PARTE

EL MAR DE LA CHINA

I

MACAO Y LAS TANCALERAS

Después de este viaje, mi armador me indicó que fuera a la China con cargamento de arroz; pues entre los celestes existía por entonces gran escasez de aquel producto.

La víspera de mi salida me dijo mi armador:

—Tiene usted que llevar a Macao dos frailes.

—Está bien.

Los frailes eran dos navarros llegados conmigo de Cádiz en la fragata Zafiro. Nos convidaron a Chimista, a Iturriza y a mí a tomar chocolate en el convento. Dicen que los frailes de Manila emplean una clave para indicar a los criados el chocolate que quieren. Cuando dicen: Muchacho, unos chocolates, ¡ah!, ¡ah!, quieren decir del mejor; cuando terminan diciendo: ¡eh!, ¡eh!, es de segunda, y ¡ih!, ¡ih!, de tercera. A Chimista, a Iturriza y a mí nos obsequiaron con un chocolate frailuno de ¡ah!, ¡ah!

Los dos navarros estaban un poco tristes con la idea del viaje a China. Sus compañeros iban a las provincias filipinas a pasar buena vida, a comer bien, a tener una barragana o dos y a vivir hechos unos príncipes; ellos, en cambio, tal vez morirían como mártires. No obstante, haciendo de tripas corazón, sonreían como si se hallaran satisfechos. Primero tenían que ir al convento de Macao a aprender la lengua china. Chimista les animó.

Emprendimos el viaje; nos alejamos de Luzón con rumbo al Noroeste, en dirección de la isla de Lema, que está cerca de Hong-Kong. Entramos en el canal de este nombre.

Se debe andar con muchísima precaución en tales sitios, porque entre Luzón y la costa de China hay grandes bajos de piedra, a flor de agua, y la fuerza de la corriente arrastra a los buques a esos lugares que tienen el nombre de Bajos de la Plata y Piedra Blanca.

El pequeño archipiélago de las Pratas se encuentra también en la ruta, se halla formado por islotes y hay la posibilidad de embarrancar. En alguno de éstos sale agua dulce cavando pozos no muy profundos. Yo hice la aguada una vez en uno de ellos.

Antes de dar vista a la isla de Lema, que con las de Kiponj y Lantao cierran el Golfo de Cantón, se divisa en el mar un sinnúmero de embarcaciones chinas, pescadoras, en las que suele ir el pescador con su mujer y sus hijos. Estos se pasan dos semanas en el mar de noche, amarrados a un islote de los muchos que hay en aquella costa.

Al acercarme a tierra, tomé un práctico. Seguimos el rumbo en busca de la isla Easterns a pasar por el canal de Lantao. El viento soplaba con fuerza, el cielo estaba encapotado y la noche muy oscura. El práctico determinó esperar el día con poca vela en la desembocadura de la bahía de Cantón, donde se ensancha el río que se llama Tigre y Chung Kiang.

La entrada del Golfo de Cantón es un gran brazo de mar, conocido antiguamente con el nombre de Bocca Tigris, y en ella hay una serie de islas desprovistas de vegetación, que antes eran guaridas de piratas y que forman varios canales.

Al alba, el práctico decidió avanzar; pasamos por delante de las islas de los Ladrones, con dirección a Macao, largando más trapo. Poco después de la arrancada, el buque embistió en medio de una gran niebla a un junco chino fondeado allí, y probablemente con la tripulación dormida; se oyeron grandes lamentos y gritos guturales.

Yo quise prestar auxilio, pero el práctico chino, indiferente, se encogió de hombros, y me dijo que el auxilio era imposible en medio de la niebla, de la mucha mar y del viento. No iba yo a ser más papista que el papa ni más chinista que un chino. A él no le importaba por sus paisanos; a mí, naturalmente, menos. Se siguió navegando y se dio vista a la isla Patera.

La isla Patera, se llama así porque tiene muchos patos. La isla Patera y la de Taguig, con las de Napidán y de Tipas, forman el canal y la barra de Tipas. Dejamos la isla Patera y nos acercamos a Macao.

En esto aparecieron al costado del buque más de veinte pequeños botes con dos proas, que llaman tancales, y dentro de cada uno, dos mujeres, una remando con la espadilla, y la otra, dirigiendo. Aquellas mujeres, al vernos, comenzaron a gritar:

—¡Capitango!, ¡capitango!, ¡yo bonita!, ¡bonita!, ¡aquí dos bonitas compañeras! ¡Mira, capitango, qué bonitas! ¡Nosotros subir a bordo!

Una vez que se tomó la entrada, subieron a cubierta las tancaleras chinas y hubo que escoger entre ellas. Servían para todos los menesteres, hacían la comida y le llevaban a uno en el bote manejando la paleta con una gran habilidad.

Aquellas chinas aportuguesadas no tenían mucho que celebrar: amarillas, rechonchas, con la nariz un poco chata, la frente deprimida, la cabellera crespa, y el talle espeso, no podían producir grandes entusiasmos. La mayoría de ellas eran hijas de capitanes portugueses fabricadas de contrabando. Llevaban el pelo cortado, cuatro calzoncillos anchos de mahón azul, uno sobre otro, sujetos con una cinta al talle y otras tantas camisetas anchas hasta la rodilla.

Las tancaleras llevaban en su lancha un tinglado con su cocina, su despensa, su camastro y un santo al que llamaban Santa María, un muñeco con muchas barbas, al que le ponían de noche un farol con una luz.

Algunas de estas tancaleras ofrecían un tipo bastante correcto; pero, a pesar de ser mestizas de chinas y de blancos, se veía que la sangre china dominaba hasta tal punto sobre la de los blancos, que eliminaba a ésta. Las tancaleras tenían la reputación de preparar muy bien el opio.

A Chimista le asediaron dos tancaleras; pero Chimista les dijo que él estaba casado con una mujer a quien quería y que no pensaba hacerle traición. Después les dio a cada una de ellas una monedita de oro, pero una de las muchachas no la quiso recibir y tiró la moneda al suelo y se echó a llorar. Yo me tuve que entender con una tancalera, e Iturriza con otra.

Al llegar a Macao, los frailes fueron a tierra reunidos con otros cuatro que vinieron a esperarles.

Chimista y yo marchamos a Macao en el bote y nos presentamos en casa del consignatario. Este, al momento, vendió el cargamento de arroz a los comerciantes chinos para remitirlo en juncos a Cantón.

Lo que más me admiró entre aquellos jornaleros que llamaban *coolies*, fue la manera de tragar el arroz cocido con sus palitos. Presencié cómo entre tres hombres hacían desaparecer en un momento un cubo lleno hasta arriba.

Macao se encuentra en el Golfo de Cantón en una concha; tiene en un extremo un cerro. Alrededor de la concha está la ciudad europea a lo largo de la playa.

El pueblo se encuentra dominado por una roca; en la cumbre de ella, al menos antes, había un gran convento de frailes, con una iglesia, y en el centro, un castillo. El convento, imponente, grande, estaba rodeado por un alto paredón.

La rada de Macao, defendida por algunos islotes, era de muy poco fondo, de manera que los buques de gran porte tenían que anclar a cinco o seis millas de la ciudad.

Macao, desde lejos, se distinguía por los colores de sus edificios que se destacaban entre las colinas áridas. Tenía un puerto como escondido, resguardado.

La ciudad europea se hallaba a lo largo de la playa; era una serie de casas de ladrillo, con arcos, blancas y de colores de aire portugués. La ciudad china, más al interior que la europea, aparecía como un pólipo, de callejuelas en cuesta, estrechas, intransitables, con casas pequeñas, bajas, almacenes y cobertizos, cruzados por una calle larga. La ciudad china daba al puerto.

No estaba de noche permitido transitar por ella sin farol, bajo la pena de cuatro pesos de multa, o cuatro días de cárcel.

Entonces en Macao, además del contrabando del opio y de la trata de *coolies* chinos, a quienes se vendía como a los negros, había una gran cantidad de casas de juego y de prostitución. Al abrigo de ellas, la población maleante era nutrida y pululaban los jugadores, los prestamistas y otra canalla.

La vida en Macao era aburrida. Una vez al mes llegaba correo de Europa, lo que alteraba la calma de la gente, y pasada esta excitación, no se ocupaban de otra cosa más que del precio del opio. Por entonces, la ciudad se sostenía únicamente por el contrabando de este producto. En el pueblo mandaban mucho más los chinos que los portugueses.

En Macao, conocimos Chimista y yo a un paisano, casado con una mujer del país, un tal Cucullu, hijo de Plencia, capitán de un buque que navegaba de Macao a Manila. Vivía también allí otro paisano, Irureta-Goyena, asociado a la casa española de don Lorenzo Calvo, antiguo factor de la compañía de Filipinas.

Cucullu nos convidó a cenar a Chimista, a Irureta-Goyena, a dos capitanes donostiarras, Remigio de Goñi y Sotero Nessi, y a mí.

Cucullu tenía un bonito hotel en el barrio europeo. Las hijas de Cucullu, a pesar de ser hijas de europeos, parecían chinas, tal es la fuerza del ambiente asiático. En casa de Cucullu comí por primera vez el balate, y las aletas de tiburón. En Macao, como en otras ciudades chinas, había unas confiterías magníficas. Yo probé más de doscientas clases de dulces y todos de diferente gusto. Algunos de estos dulces me dijeron que los hacían con unas larvas de gusanos que cogían de los árboles, pero procedieran de donde quisieran, el caso es que tenían buen gusto.

En Macao compramos algunas menudencias y cargamos el barco con losas de piedra como lastre.

Me despedí de mi tancalera, que quiso que le prometiera que si volvía le llamaría a ella.

Para ellas el entenderse con un hombre y luego separarse de él era una cosa indiferente, tan indiferente como para nosotros, los marinos, tomar o dejar una mujer.

II

CONSPIRACION DE LOS INDIOS

Desde Cantón fui a Hong-Kong a recoger allí ochenta mil duros en plata. De Cantón a Hong-Kong hay doce leguas, aproximadamente, de distancia; tardé quince horas y me presenté en casa del consignatario, que me preguntó categóricamente:

—¿Usted sabe el riesgo que corren los buques que llevan dinero?

—Sí.

—En esta bahía hay muchos juncos de piratas.

—Sí, ya lo sé.

—¿Qué armamento lleva usted? ¿Cuánta tripulación?

Se puso tan exigente y tan autoritario, que le advertí que me dijera si en el término de veinticuatro horas podía enviarme el dinero al barco, porque, si no, me iba a poner a la vela para Manila. Yo no estaba para sufrir exámenes. Chimista se quedó en Hong-Kong, donde tenía algunos negocios.

Al día siguiente de mi conversación con el con-

signatario, recibí a bordo catorce cajas de plata
y me hice a la vela al anochecer. Entre Iturriza y
yo cargamos de antemano los cuatro cañones con
metralla, hasta la boca, y los pusimos en ba-
tería con las portas levantadas. Largué todo el
aparejo, hasta los sobrejuanetes y velas de es-
táis, y emprendí mi viaje.

Al bajar por Bocca Tigris me puse en el timón,
hice sonar el caracol espantando a los juncos pescadores, pasé pegado a la pequeña isla de Lema
y determiné entrar por el canal que se llama Aza-
fe, a ras de las islas de Ya-Chu-Echu.

Al dejar estas islas por la aleta de babor, se
nos atravesaron cinco juncos por la proa, con intenciones amenazadoras; mandé a Iturriza que
colocara a los marineros cerca de los cañones, con
la mecha en la mano.

Cuando se me acercaron, grité:

—¡Iturriza, fuego!

Se dispararon los cuatro cañones, cayeron los
palos de los juncos, se oyeron grandes chillidos,
voces e imprecaciones agudas, y seguimos el rumbo para Manila.

Días antes de dar vista a la isla de Luzón, estábamos comiendo Iturriza y yo, cuando el muchacho de cámara, lloriqueando, me dijo:

—¡Señor, señor!

—¿Qué pasa?

—Esta noche matar a usted gente con cuchillo.

—¿Qué quieres decir con eso?

—Querer decir que hay conjuración contra
usted.

—¿De quiénes?

—De todos los marineros.

Dejé de comer, llamé al otro muchacho de cámara y me enteré bien del complot. A las doce de la noche, el contramaestre indio pensaba sublevar a la tripulación, matarnos a puñaladas al piloto y a mí, repartirse los ochenta mil duros, pegarle fuego al barco, cerca de tierra, y escaparse todos en la lancha.

Iturriza, hombre serio, pero demasiado apático, murmuró:

—¡Bah! Todo eso no es más que palabrería, esa gente es muy cobarde para hacer una cosa así. Lo mejor es irse a la cama.

—No hay que tener una confianza estúpida —le dije—. Vete ahora al timón.

Iturriza se marchó refunfuñando.

Yo puse mi puñal y mi revólver en la cintura, y le llamé al muchacho de cámara.

—Avisa al contramaestre que venga aquí; tengo que hablarle.

Cuando entró mi hombre, cerré la puerta de la cámara, cogí en la mano una caña de bambú y le dije:

—Por cabeza de motín y por asesino, te tengo que dar cien palos.

—¿A mí?

—Sí, a ti.

En seguida le sacudí, como quien varea lana. Le daba donde acertaba. Yo tenía el puñal en la mano izquierda y en la derecha el bambú, y no paraba. El hombre quedó como muerto y sin aliento. Después mandé bajar a los dos muchachos de cámara y que le pusieran un par de esposas, y le encerré en un camarote.

Hecho esto, subí a la cubierta. No había viento, llamé a Iturriza y le dije:

—Deja un momento la rueda y di a toda la tripulación que entre en el rancho.

—Está bien.

Iturriza volvió poco después y dijo que estaba la marinería en el sollado.

—Ahora quédate aquí de centinela, con revólver en mano —le dije—. Yo iré llamando a la tripulación uno a uno; al primero que aparezca en la puerta sin ser llamado le haces fuego.

—Está bien —me contestó el piloto con su frialdad habitual.

Efectivamente, al primero que apareció le dio el alto y, como no se detenía, le soltó un tiro que no le dio.

Con esto nadie pretendió salir. Aparecieron uno a uno los marineros, a medida que los llamaba, y conseguí mi objeto de pegarle a cada uno cincuenta cañazos; con lo cual la mayoría quedó muy humilde y yo muy rendido. Algunos se rebelaron y hubo que dejarlos encerrados en el rancho. Cuando largué el ancla en Manila, esperé a que vinieran a ayudarnos para la maniobra, pues no podía contar más que con el piloto.

Llegó a bordo la falúa del capitán del puerto, y cuando expliqué lo ocurrido, el capitán mandó amarrar codo con codo a los sublevados, y que se los llevaran a la cárcel de Cavite.

Al poco rato vino mi armador Baranda. Le dije que no había tenido más remedio que dar una paliza a la tripulación; él contestó:

—Ha hecho usted muy bien, porque, si no, hubiesen desvalijado el barco.

Para Baranda nuestra vida debía contar poca cosa.

Se desembarcó el dinero y el lastre, y los dueños nos gratificaron, a mí con cuatrocientos pesos y con cien a Iturriza.

III

CANTON Y SUS BARRIOS

Ahora había que ir primero a Macao, luego a Hong-Kong y después a Cantón. Las tres ciudades están en el mismo Golfo: Cantón en el fondo, Macao y Hong-Kong a la salida, uno a la derecha y otro a la izquierda. Llegué primero a Macao, después fui a Hong-Kong, que entonces todavía no contaba con el barrio europeo, pues los ingleses no habían puesto aún el pie allí.

Hong-Kong estaba en una isla de un clima muy extremado. Cantón era una ciudad muy grande, colocada en el brazo de mar que llamábamos nosotros Bocca Tigris, y en chino Chun-Kiang, o río de las perlas.

Cantón tenía una ciudad vieja con su muralla y una ciudad nueva a orillas del río. En la ciudad vieja estaba prohibida, entonces, la entrada a los extranjeros. En la ciudad nueva había muchas factorías y almacenes, sobre todo ingleses. A pesar de la prohibición, estuvimos en Cantón Iturriza y yo, vestidos de chinos.

La ciudad antigua era curiosísima, con su muralla y sus edificios religiosos. Nos mostraron el templo de los seiscientos dioses, y otro de los horrores, en donde estaban representados los suplicios del infierno budista. En la entrada de este último templo vimos una infinidad de desarrapados, al parecer mendigos y saltimbanquis.

Los chinos, sabios y aristócratas, no querían tratar con los blancos, y nombraban comisionados a ciertos comerciantes, que llamaban Hong o Hanistas. Estos se entendían para el comercio con los blancos. Los chinos no permitían que las extranjeras vivieran en el país. Hacían como los españoles en Filipinas, que no consentían la estancia de las chinas en el territorio.

En Cantón, además de la ciudad china y de la ciudad europea, había una ciudad acuática. La villa flotante de Cantón contaba lo menos cien mil habitantes. La gente marinera vivía allí, en juncos, champanes y tancales. En Cantón no se sabía dónde acababa el pueblo; después de las casas que daban al río, de un piso, sobre islotes, casas por un lado abiertas y sin pared, donde se veía a la familia china, que vivía allí tranquilamente, sin ocuparse de si les miraban o no, se encontraban grupos de chozas sobre barcas.

La villa flotante de Cantón se asentaba en la parte del río que llamaban Wampoa, cerca de la isla de los franceses y de los daneses. Se hablaba allí una jerga mixta de chino y de inglés. Aquella villa flotante era un conjunto de construcciones, de arsenales, de casas de madera sobre estacas, de barcos, pequeños y grandes, con chozas encima. El pueblo acuático ocupaba un espacio lo menos de tres millas.

En Wampoa, el Tigre se dividía en dos brazos estrechos y poco profundos, reunidos después cinco leguas más arriba, bajo los mismos muros de Cantón. El río denominado de los Juncos era el más frecuentado.

Todos los alrededores de aquella rada estaban llenos de aldeas, tan cercanas unas a otras que parecían constituir una enorme ciudad.

El río, cerca de Wampoa, se hallaba materialmente cubierto de una infinidad de barcos chinos y de otros de Asia. La forma de aquellas embarcaciones y su nombre variaba. Había práos, juncos, cascos, pontines, sarambáos, lorchas, champanes, champatines, bancas de Filipinas, barcos de formas a cual más extrañas, con las proas pintadas y doradas.

En algunos sitios, los lanchones, sostenidos por estacas, se convertían en viviendas. Aquello parecía un gran campamento de titiriteros; por todas partes salían casas. A la entrada del río Tigre había entonces, en los islotes, pequeñas fortalezas con cañones que, al disparar, metían mucho ruido, pero que no podían causar gran daño. Los chinos patriotas se hacían muchas ilusiones con estos cañones.

Unos años antes de que yo estuviera en China, según me contaron, uno de los fuertes quiso oponerse al paso de un barco inglés; el fuerte comenzó a disparar sus cañones viejos contra el intruso, metiendo un terrible estruendo. El barco inglés, de guerra, bombardeó la fortaleza, desmontó sus baterías y pasó adelante.

Entonces, el virrey de Cantón, para disimu-

lar el agravio y la derrota con un rasgo de di-
plomacia chinesca, mandó un oficio al comandante
del barco de guerra británico, dándole las gracias
por las salvas hechas al entrar en Cantón, en
honor del emperador del Celeste Imperio.

COSAS RARAS DE LOS CHINOS

Los chinos, entonces, sentían una mezcla de repulsión y de miedo por el europeo. Comprendían que el blanco tenía algo no despreciable, y sentían por él odio y miedo. Cuando se pasaba por delante de algún barco de celestes, nos gritaban: ¡Francokay! (diablo blanco). Si los chinos encontraban a un europeo solo, empuñaban sus cañas de bambú y lo mataban a palos. Los comerciantes, amables en las tiendas, se volvían foscos en las puertas de sus casas. En el barrio chino estaba uno expuesto a ser atropellado si no se apartaba cuando pasaba un mandarín o una china rica.

En Cantón vi cosas bastante extrañas. Una vez al año, los Hak-Ka, población indígena de la ciudad, hacían una gran limpieza de sus casas: quitaban todas las porquerías, mezclaban con éstas un poco de incienso y algunas monedas falsas, y gritaban: ¡Que el demonio de la pobreza se vaya!

En la ciudad, durante el invierno, las gentes

acomodadas usaban pieles de carnero, peladas por fuera y forradas de lana por dentro; así, como los rusos en la Siberia. Lo que más me chocó entre ellos es que, cuando iban de paseo o a alguna diligencia, llevaban en la mano, de bastón, una caña hueca.

Se estaba hablando con uno y, de pronto, metía la caña entre su gabán y principiaba a orinar por la caña con el mayor descaro del mundo, como si para ellos esto no tuviera nada de particular ni de indecente. A veces, durante la operación, se les acercaba un chino que llevaba una especie de balanza en el hombro, sobre un palo con dos baldes, suplicándole que orinase en uno de sus baldes. Estos vendedores llevaban la orina para el abono de las huertas y vendían cada balde a ocho chapecas.

Muchas extravagancias podría contar de los chinos de Cantón, pero la mayoría ya las han contado los viajeros. Además, cuando se piensa en la vida de los demás pueblos, queda la sospecha de que, en hábitos y costumbres, no hay ninguna norma, y que lo que parece lógico y natural acá es absurdo y disparatado allá.

Cuando quise salir de Cantón tomé varios botes para remolcar mi buque a favor de la marea, hasta Haty Crek. Desde este punto es tal la anchura del río que, aprovechando las mareas, se puede ir baqueando con facilidad. Despedí el práctico en los islotes Chung-Sye. Luego fui, con toda precaución, entre las islas, a favor de la marea, hasta llegar a la de Poo Toy, a tomar a barlovento Piedra Blanca.

Cuando un buque salía de Macao, de Cantón

o de Hong-Kong, suponían los piratas chinos que llevaba dinero; se corría la noticia entre unos y otros y se preparaban para un posible abordaje. Si el capitán era algo tímido y huía de estos juncos, le abordaban entre todos y hacían con facilidad una de las suyas. Era necesario no asustarse y embestir.

Había al parecer, juncos chinos que tenían cañones relativamente modernos y que se ofrecían por un tanto para ir escoltando a los barcos de comercio y a defenderlos contra el ataque de los piratas. Muchas veces, según se contaba, estos gendarmes de mar hacían causa común con los piratas y desvalijaban al barco de comercio.

Desde China tenía que tocar en Manila, descargar y marchar después a la boca del río Apparri o Cagayan.

Entre China y Luzón están las islas Babuyanes. Las islas Babuyanes son volcánicas y suele haber en ellas tremendos tifones. Son medio desiertas y las habitan algunos pescadores muy pobres. Hay la isla Babuyan, la de Babuyan Claro, la de Balingtan y la de Balingtan Can. En una de éstas, en la que se llama Babuyan Claro, hay un volcán de unos tres mil pies de altura, que alumbra de noche, como una antorcha, aquellos parajes peligrosos.

Llegado a Manila, partí en seguida para Cagayan, que está en el Norte de Luzón. La aldea de Aparri se encuentra cerca del río Cagayan; la entrada del puerto era muy peligrosa. El pueblo Aparri se consideraba muy malsano, y la mayoría de los europeos que vivían allí estaban enfermos de calenturas y de disentería.

A la vuelta a Manila, mi armador Baranda quería que fuese a la provincia de Albay; pero yo estaba deseando dejar a Baranda y, cuando un coronel, paisano, don Manuel Guruceaga, me ofreció el mando de un buque suyo, me fui con él. Iturriza, mi piloto, me dejó para marchar a España y luego entró de oficial en uno de los barcos de Filipinas a Cádiz. Lo sentí mucho, pero no había más remedio.

V

UNA TERTULIA EN MANILA

Estaba en Manila, esperando a que se habilitara el buque de Guruceaga, cuando recibí la visita del padre Martín, uno de los frailes que vinieron conmigo desde Cádiz en la fragata Zafiro. El padre Martín, según opinión de todos, era buen hombre, sin espíritu de intriga, de fanatismo ni de dominación. Hacía favores, intervenía en las familias para limar asperezas y arreglar diferencias, y llevaba una vida pura que contrastaba con la de los demás frailes de Filipinas, en realidad poco edificante.

El padre Martín me preguntó:

—Pero, ¿usted vive solo?

—Sí.

—Y, ¿por qué?

—Me casé estando en Cuba y no tuve mucha suerte en el matrimonio.

—De todas maneras, no le conviene estar solo.

—¡Pche! Es igual.

—No; no es igual.

El fraile me prometió llevarme a casa de una

señora amiga suya, que tenía una tertulia por las tardes, la señora de Heredia. Al ser presentado en la reunión comprendí que, tanto el ama de la casa como sus contertulios, eran gentes más finas, más educadas que yo, y como me invitaron a volver me preocupé de no cometer alguna falta grave.

A la vuelta del primer viaje que hice a China, llevé una caja de té a la señora de Heredia y dos muñecas a sus hijas.

Matilde Schneider, conocida por todos por Matilde Heredia, mujer de unos treinta y cinco años, alta, rubia y de buen aspecto, era hija de un comerciante de Madrid y nieta de un alemán. De jovencita había ido a Cádiz, pueblo de su madre, y en Cádiz se casó con un marino de guerra, Rafael Heredia.

Matilde vivió muy a lo grande, bailó en barcos de guerra con herederos a varias coronas y conoció a almirantes y a comodoros.

Luego estuvo en Cuba, después en Filipinas y aquí se estableció, muerto su marido, con sus dos niñas, Rosarito y Conchita; la una, de quince años, y la otra, de trece.

Matilde era una mujer amable, un poco redicha, partidaria de España y de los españoles. Como había vivido en Andalucía, empleaba en la conversación muchos giros andaluces y refranes.

Tenía la casa muy bien montada; vivía con ella su madre, una señora gaditana, un poco ridícula, con peluca, un ojo de cristal y una bata de colores, las dos muchachitas y varios criados.

En la sociedad de Manila se consideraba la casa de doña Matilde como de las más elegantes.

La tertulia de Matilde Heredia solía estar frecuentadísima. Se decía que la viuda pensaba casarse. La galanteaban dos pretendientes: un marino de guerra y un abogado.

A mí también me gustaba; pero, naturalmente, como casado, y ya algo viejo, no me permitía hacerle la corte.

Iban a la casa marinos, militares, empleados de categoría y sus señoras.

No cabe duda que, aunque uno encuentre defectos a sus paisanos, con ellos es donde se está mejor, porque tienen con uno la comunidad de ideas, de instintos, de intereses, de cualidades y de defectos. No hay internacionalismo que valga. El español se halla mejor entre españoles, el francés entre franceses y el inglés entre los suyos. Si, además de esto, existe en el ambiente algún elemento hostil, la cohesión de los paisanos se hace más fuerte.

En Manila había hostilidad entre algunos criollos y tagalos contra los españoles; pero no llegaba ni con mucho a la hostilidad anti-hispánica de Cuba. Aquella hostilidad filipino-tagala unía más al elemento español.

Matilde y yo teníamos varios puntos de unión: los dos éramos españoles, habíamos vivido en La Habana en la misma época, nos encontrábamos en Filipinas; teníamos, además, el lazo de que su marido había sido marino y yo lo era también. Todo esto nos acercaba.

Varias veces me pintaron a Matilde como muy vanidosa y amiga de figurar; pero nadie está libre de defectos, y si ella tenía éstos, no eran de los peores que se pueden tener.

Cuando estaba en tierra iba muchas tardes de
visita a casa de Matilde; me sentaba en mi sitio
y casi siempre escuchaba. Algunas veces me preguntaban algo sobre mis viajes, y hablaba.

Indudablemente la gente de la tertulia era culta;
a mí me quedaba mucho que aprender. Sobre
todo en cuestiones de vida social y de arte sun-
tuarias yo no sabía nada. Matilde me indicaba lo
lícito y lo ilícito, lo feo y lo bonito.

Yo creía, por ejemplo, que comer con el cuchillo
llevándolo a la boca se consideraba como cosa
casi distinguida, y Matilde me dijo que era archi-
ordinario. Esto me pareció algo así como si le
demostraran a un aprendiz de astrónomo que el
sistema de Copérnico era una filfa.

Tampoco había escuchado nunca música en el
piano, y al oir tocar varias veces a la profesora de
las niñas de Matilde, comprendí que lo que me
había parecido estrépito y pedantería tenía un
sentido.

Como yo no iba a la casa constantemente, sino
sólo cuando estaba en el pueblo, creo que no llegué a aburrir con mi presencia. Los contertulios
me solían preguntar qué había visto de nuevo
en mis viajes, y yo se lo explicaba.

No era indispensable en la tertulia, pero sí bien
acogido.

En muchas cosas no estaba conforme con Matilde Heredia, aunque me callaba mi disconformi-
dad. Ella creía que había categorías de personas:
gente de primera, de segunda y de tercera, por
un privilegio de nacimiento o de posición. Yo
no participaba de estas ideas. No he conocido a
nadie que por su categoría fuera digno de que le

cepillasen las botas. Yo acepto la disciplina; el jefe manda y el subalterno obedece, pero una categoría social que da, porque sí, a unos, derechos, y a otros, deberes, no la acepto ni la aceptaré jamás.

Cuando presenté en casa de Matilde a Chimista y a Dolly, por el entusiasmo que manifestaron por ellos comprendí el poco caso que hacían de mí. No me di por ofendido porque eran las únicas personas del mundo a quienes estimaba y tenía cariño, y me gustaba que las halagaran y felicitaran.

Después Matilde me hizo un sin fin de preguntas acerca de Chimista y de su mujer, y yo, naturalmente, no conté más que lo que podía favorecerles.

En casa de Matilde Heredia se daban bailes muy lucidos. Se bailaban lanceros y rigodones, polcas y mazurkas, y se veían militares jóvenes y marinos de guerra. Los viejos no hacíamos más que mirar y tomar algún refresco.

En uno de estos bailes se presentó un chino muy elegante. Iba vestido con un traje vistoso y encima llevaba una piel de pelo largo y suave. El chino, al parecer muy coquetón, me enseñó con gran complacencia la piel que llevaba y me dijo varias veces, sin duda en inglés, tocando la piel con la mano:

—Fox, fox..., de Tartaria.

Yo no le comprendí bien y asentí, y dije distraídamente:

—¡Ah, sí, foca de Tartaria!

Luego el chino explicó a todo el mundo que la piel aquella era de foca de Tartaria, y las señoras y caballeros estuvieron hablando y discutiendo qué clase de foca de Tartaria sería aquella, hasta que yo di la explicación de cómo había traducido fox por foca, cuando debía haber traducido por zorro, lo que hizo reir a todo el mundo.

Cuando en la tertulia decía que iba a hacer un viaje, las señoras me daban encargos. Sobre todo cuando partía para China.

—Oiga usted, don Ignacio. ¿Cuándo vuelve usted a China, don Ignacio?

Don Ignacio arriba y don Ignacio abajo. Algunas de aquellas señoras me encargaron té, kimonos, abanicos, juguetes, chinos de porcelana que movían la cabeza, filigranas hechas en hueso, caretas, bolas de marfil, unas dentro de otras, jarrones, yathaganes, etc.

También los frailes y el padre Martín me hicieron muchos encargos, y les llevé desde Cantón mapas de China, gramáticas para aprender el idioma y estampas.

VI

OBSERVACIONES DE CHIMISTA

El bergantín goleta la Seria, de don Manuel Guruceaga, hacía frecuentes viajes a las islas Marianas. Mi primera navegación a bordo de la Seria fue a llevar al nuevo gobernador, a quien conocía de casa de Matilde Heredia, a unos frailes agustinos y a varios deportados políticos por el Gobierno del general Narváez.

Todos estos deportados hablaban pestes de Narváez, a quien llamaban el Espadón, y lo pintaban como un tipo despótico y arbitrario. Yo no estaba muy enterado de la política de España y no tenía opinión propia sobre sus mandarines.

Poco después de salir, mis pasajeros recibieron un gran susto; la corriente del mar nos cogió de improviso con tal fuerza, que nos llevó como si fuéramos por el aire; el barómetro bajaba mucho y anunciaba algún tifón.

Hacía un calor tan fuerte, que los pasajeros no podían alentar; se bañaban varias veces al día e iban casi desnudos. A las dos semanas dimos vista a la isla de Guam; a media tarde hice rumbo sobre los islotes, llegó el práctico a bordo y nos colocó al costado de un buque ballenero americano, fondeado allí.

En el trayecto todos los días veíamos cuatro y cinco ballenas. En la isla de Guam la mayoría de los habitantes eran extranjeros; había entre los indígenas unos casos de lepra y de elefantiasis que daban verdaderamente miedo.

De los pocos españoles, era uno el enterrador, un viejo vascongado. Vino a verme. Había recorrido todo el mundo, probando diferentes oficios, y había acabado allá de sepulturero. Me pidió que le llevara a Filipinas, le dije que sí, pero al salir de la isla no apareció.

Los agustinos se quedaron algunos días en el barco. Uno era guipuzcoano y el otro navarro. Chimista nos contó a ellos y a mí las hazañas que hicieron por aquellos parajes nuestros paisanos; Elcano, Legazpi, Urdaneta y otros. Los agustinos estaban entusiasmados.

Chimista nos habló también del franciscano Melchor Oyanguren, que fue el primero que hizo un estudio del tagalo, comparado con las otras lenguas; de Lorenzo Ugalde, general guipuzcoano que luchó en Filipinas con bravura en el siglo XVII contra la Armada holandesa, y que murió ahogado cerca de la isla Samal de Boronjan, en un temporal que produjo el naufragio del galeón San Francisco Javier, mandado por el general vasco.

Nos explicó también las empresas de Iñiguez de Carquizano en la isla de Tidore, cerca de la de Gilolo, en donde murió envenenado por un portugués en un banquete, cuando la expedición de Loaysa.

Después nos narró las hazañas de Francisco de Echeveste, general de los galeones de las islas Filipinas, embajador del rey de España en el Tonkín; de Tomás de Endaya, guipuzcoano, constructor hábil de grandes barcos en el arsenal de Cavite, y de Francisco Esteíbar, hijo de Mondragón, que mandó las fuerzas terrestres y marítimas en Filipinas contra los chinos y los ingleses en el siglo XVII.

Nos habló también de fray Miguel Aozarasa, de Oñate, que fue de Filipinas al Japón, y murió martirizado con otros compañeros.

Después nos contó las mil y una cosas extrañas que él había visto en sus viajes por Filipinas y tierras adyacentes.

Nos habló mucho del Bicol, país al Sudeste de Luzón. En el Bicol se creía que si el mal espíritu Aswang no estaba formalmente exorcisado, se apoderaba de los cadáveres y atormentaba a los muertos. Para protegerles contra el mal espíritu —según Chimista— las hechiceras indígenas frotaban los cadáveres con un cepillo o con un plumero de hojas de naranjo de la China. Al hacer esto entonaban una cantilena y se retorcían en contorsiones y daban gritos agudos, como si el mal espíritu hubiese entrado en su propio cuerpo. Después de la ceremonia, el alma del difunto, libertada de la cruel tiranía de Aswang, podía pasearse por las avenidas sombreadas de los bosques.

Nos refirió después que los italones de Filipinas bebían la sangre de sus enemigos y comían trozos crudos de sus nucas y de sus entrañas. Los efugados, otra tribu de Filipinas, sorbían el cerebro de sus enemigos.

El había presenciado una fiesta de los italones y visto un gran caldero, en donde cocían restos humanos.

—Se ve que nuestro amigo el doctor era también de los italones, o de los efugados —le dije yo.

—¿No te olvidas de él? —me preguntó Chimista.

—¡Imposible!

Después Chimista se puso a explicar las supersticiones referentes a los Anitos, que son los dioses lares de los filipinos, y la variedad de aniterías que se hacían por los indios.

—En las islas Marquesas —nos dijo Chimista— hay dioses vivos, yo he visto uno.

—¿Cómo un dios vivo? —preguntó un fraile.

—Uno que se decía y le creían un dios. Era un viejo, vivía en una choza grande, y delante de la choza tenía una especie de altar. En las vigas de la casa colgaban varios esqueletos con la cabeza para abajo; de cuando en cuando, el viejo imbécil pedía con voz lacrimosa que le trajeran más ofrendas, y le llevaban dos o tres víctimas humanas que las mataban delante de él y que colgaban en su choza, como un mantero de un pueblo de Castilla cuelga una manta en su tienda.

En Gilolo los brujos traían la lluvia, metiendo en el agua una rama de árbol y salpicando con ella la tierra.

Chimista nos contó una porción de cosas extrañas. Aseguró que él había visto a los fakires enterrados vivos y después resucitados, y que había presenciado el paso de los pájaros por encima del clásico árbol ponzoñoso de Java, el Bohon-Hupas, y caer muertos, envenenados.

Pasé algún tiempo en las islas Marianas y Carolinas, en donde vimos, como he dicho, muchas ballenas y pájaros raros. Al retornar a Manila me presenté a mi armador Guruceaga, el cual quería que volviese a cargar tabaco del Gobierno a Cagayán, mas como me propusieron el mando de un bergantín para la China, preferí este cargo, dejando el mando de la Seria.

VII

UN RECUERDO DE LA GUERRA CARLISTA

En casa de doña Matilde hablé de los deportados que había llevado a las Marianas y de su opinión sobre el general Narváez, a quien pintaban como un bárbaro, inculto y arbitrario. Solía ir a la tertulia un magistrado, don Juan López Quijana, y al oírme referir lo que contaban los deportados, me dijo:

—No crea usted. El general Narváez no es tan despótico ni tan injusto. Tiene que luchar en política con malos enemigos y no puede emplear más que los mismos medios que emplean los demás, las prisiones, las deportaciones, etc.

—¿Usted le conoce al general? —le preguntó Matilde.

—No sólo le conozco, sino que por él estoy empleado aquí en la Audiencia de Manila.

—¿Le conoció usted hace mucho tiempo?

—Le conocí en mi pueblo y de una manera bastante curiosa.

—A ver, cuente usted.

—Yo, como saben ustedes —nos dijo don Juan—, soy abogado, y vivía hace unos años en un pueblo de la Mancha llamado Calzada de Calatrava. Seguramente que nuestro amigo don Ignacio, que ha viajado por todo el mundo, no tendrá noticia de este pueblo.

—Es verdad.

—Pues Calzada de Calatrava es un pueblo bastante lucido que perteneció al campo de esta Orden militar, y tiene dos viejos castillos. En tiempo de la guerra civil, la mayoría de los vecinos eran carlistas; pero como estaban rodeados por liberales, no se atrevían a resollar. Yo era secretario del Juzgado; mal vivía, pero no me decidía a marcharme ni a hacer nada. Mientras durase la guerra no se podía intentar cosa alguna.

Teníamos en el Juzgado continuos líos entre carlistas y liberales; se acusaban unos a otros; aparecían pasquines contra María Cristina y contra los masones, y se denunciaba que había reuniones facciosas en casa de don Fulano o de doña Zutana.

Los liberales del pueblo eran gentes poco señaladas, muchos menestrales y pequeños comerciantes; en cambio, entre los carlistas había personas de influencia y de riqueza. Les capitaneaba a éstos el cura párroco y prior de la Orden militar de Calatrava, don Valeriano López de Torrubia. Había también una señora, viuda, rica, doña Juana Carvajal, que tenía una tertulia carlista y en ella se conspiraba continuamente contra el Gobierno cristino y a favor de don Carlos.

Como les digo a ustedes, a los del Juzgado nos tenían fritos. No se podía hacer nada, y lo mejor era fingir que se hacía algo y no abordar ninguna de aquellas causas en serio.

Yo estaba en relaciones con una muchacha del pueblo, sobrina de don Valeriano, el prior, llamada Rosita, también muy carlista, que iba con asiduidad a la tertulia de doña Juana. Yo bromeaba sobre nuestras diferencias políticas; pero ella no bromeaba y me decía, en serio, que no se casaría con un hombre de ideas liberales, porque esto era lo mismo que ser hereje y tener pacto con el demonio.

Un día de invierno, el sacristán de la parroquia me denunció que, al entrar en la iglesia, se encontró abierta la puerta del sagrario y desparramadas las hostias por la mesa del altar. El cáliz había desaparecido. Se alarmó el pueblo al saber este sacrilegio, se reunió el clero en la iglesia y se halló el copón en un sitio llamado la Carbonera, especie de nicho que existía debajo de la torre.

Se culpó a los soldados francos y nacionales que estaban de centinela en aquel sitio, y el cura párroco, don Valeriano López de Torrubia, prior de la Orden militar de Calatrava, acusó de sacrilegio a los liberales y los tildó de herejes, y dispuso que se desocupara el templo profanado. Todo el elemento carlista puso el grito en el cielo.

El juez y yo comenzamos la sumaria, se interrogó a los nacionales y no se pudo averiguar nada. Los carlistas nos echaban la culpa de la falta de éxito. Estábamos, según ellos, vendidos a los liberales. En tanto, en casa de doña Juana Carvajal se seguía haciendo una campaña intensa en contra de los cristinos, por la cuestión del sacrilegio.

Se quería complicar a todo el elemento liberal de la ciudad.

En vista de esta campaña yo empecé a sospechar si el atentado sacrílego partiría de los mismos carlistas.

Por las conversaciones que tuve con mi novia, comprendí que en la cuestión del supuesto sacrilegio de la iglesia andaba mezclado un curita llamado Torres, uno de esos curas jóvenes, muy pinchos y muy audaces.

Sin decir, naturalmente, de dónde venía el soplo, le hablé al juez para que se siguieran los pasos de Torres; indagamos por aquí y por allá y, cuando se reunieron muchos indicios, se le llamó a declarar, y en vista de sus contradicciones se decretó un auto de prisión; pero, amigo, se presentó en el Juzgado el prior don Valeriano, comenzó a dar gritos y a perorar exaltado y le acoquinó al juez y no se hizo nada.

Mi novia se incomodó con la orden de prisión y me dijo que, tanto el juez como yo, éramos enemigos de la gente honrada y amigos de los herejes y de los revolucionarios.

Torres, el cura sospechoso, se escapó del pueblo y fue a reunirse con el general carlista don Basilio, que venía del Norte al Sur, al frente de una expedición. El proceso desapareció del Juzgado.

Poco tiempo después se presentaron los carlistas delante del pueblo y la guarnición se replegó en el fuerte, sin hostilizarles. La guarnición la formaban nacionales de varios pueblos del campo de Calatrava y algunos pocos soldados de la columna del general Minuisir, un italiano o croata, con quien hablé más de una vez, que luego fue uno de los jueces del proceso de don Diego León. Mediaron gestiones entre liberales y carlistas, y quedaron conformes en que los carlistas entraran y se apoderaran del pueblo; los liberales quedaron en la iglesia y en el fuerte y no se hostilizaron unos a otros.

Aquella noche hubo idas y venidas entre liberales y carlistas, se discutió de don Carlos y de Cristina, se convidaron a beber y pareció que todo marchaba bien y que no iba a haber efusión de sangre.

En esto se presenta el cabecilla Orejita, hijo de la Calzada, va a ver al prior don Valeriano, y entre los dos deciden que es una vergüenza el dejar a los cristinos tranquilos en la iglesia y en el fuerte, que tienen que rendirse a discreción o que hay que atacarlos.

Van a ver el cabecilla y el cura a don Basilio, y éste les dice que tienen razón. Manda un emisario a los liberales y les da un plazo de doce horas: o se rinden o los ataca. Los liberales se fortifican en la iglesia y contestan que no se rinden. Con ellos estaban una porción de mujeres y de chicos. En esto se presenta el prior don Valeriano delante de la iglesia, y echa un discurso a los sitiados y a los sitiadores; a aquéllos, para que se rindan a discreción, y a éstos, para que perdonen a sus enemigos.

—No nos rendimos. No queremos perdón —gritan los liberales.

Entonces comienza el fuego. Los cañones de don Basilio derriban las puertas de la iglesia y los soldados carlistas entran en ella, seguidos de los absolutistas del pueblo, y hacen un enorme montón de haces de leña, sarmientos, ramas y maderas de altares y retablos, lo encienden y cierran de nuevo las puertas.

A poco, por las ventanas de la iglesia, comenzó a salir un humo terrible y una explosión de gritos y de lamentos de mujer y de niño.

—¡Qué bien templado está el órgano! —se afirmó que dijo el prior don Valeriano, con sarcasmo.

Los liberales comenzaron a tocar la campana, a pedir socorro desesperadamente y a decir que se rendían.

Los carlistas, a todo el que aparecía por las ventanas y los tejados, le acribillaban a tiros.

Un nacional pudo descolgarse y echar a correr, y el prior, don Valeriano, señalándole, gritó:

—¡A ese conejo que se escapa, cazarle! Y lo mataron inmediatamente.

No quiero recordar más detalles; básteles saber a ustedes que, al último, la bóveda de la iglesia cayó, y que perecieron en montón ciento sesenta personas, la mayoría mujeres y niños.

Mi novia, Rosa, no se atrevía a defender la conducta de los carlistas en el pueblo. Yo decía muchas veces:

—Lo mejor será marcharse de aquí.

Ella no contestaba.

Poco después los carlistas de don Basilio salieron de la Calzada y fueron a Argamasilla de Calatrava, a Almodóvar y a Puertollano, en donde ocurrió un hecho parecido al de la Calzada.

A la salida de las tropas de don Basilio el pueblo siguió dominado por los carlistas. El prior, don Valeriano, mandó emisarios a Madrid, escribió cartas a los amigos y debió sacar la convicción de que no había peligro para él, en permanecer en la villa; de que no le pasaba nada.

En esto, sin anuncio previo, aparece en el pueblo el general Narváez, que estaba dando mucho que hablar en la Mancha, por la campaña terrible y dura contra los carlistas.

Nos presentamos delante del Ayuntamiento todos los que teníamos algún cargo, y en medio, entre varios curas, aparece el prior don Valeriano, con un aire de seguridad y de audacia, sonriente y tranquilo.

Narváez avanza a caballo, con aire fosco y fiero, hacia nosotros. Entonces el prior se le acerca, rodeado de los demás curas, se inclina para saludarle y le dice, con voz segura y entonada:

—Excelentísimo señor: Amantes nosotros, del trono de la Reina constitucional, felicitamos a su excelencia por sus triunfos contra los enemigos del orden y le pedimos que, para defender a las instituciones, nos dé armas para batir a los facciosos.

Nunca lo hubiera dicho.

Narváez, vibrando de cólera, con una voz de trueno, grita:

—Señor prior: No me bajo del caballo para pedirle que su mano me bendiga, porque no sé si es digna de bendecir o si está manchada con sangre de víctimas inocentes. Si son ciertas las noticias que de usía me han dado, va a ser fusilado inmediatamente.

—Señor, la calumnia...

—¡Silencio! Capitán, prenda usted al señor prior.

—Pero, ¿cuál es mi crimen?

—Inmediatamente preso. No le consiento decir una palabra.

Don Valeriano se quedó lívido. Un capitán y ocho soldados le sacaron del grupo de los curas y le condujeron a la cárcel. Entonces Narváez bajó del caballo y entró en el Ayuntamiento. Me llamó y me dijo:

—¿Qué sabe usted del asunto del prior?

Le conté con detalles lo ocurrido, sin ocultarle nada.

—Está bien. Que se empiece la causa en seguida, y se llame a declarar a todo el mundo.

Le expliqué cómo en otros casos había parado la acción de la justicia las influencias, las recomendaciones.

—Para mí no hay recomendaciones. Ese tío va a ser fusilado en menos que canta un gallo, en menos tiempo que se persigna un cura loco. Usted lo verá.

La impresión que produjo en el pueblo el saber que el prior estaba en la cárcel fue terrible.

El prior, desde la cárcel, movió todas sus amistades e influencias de la villa y de los contornos; pero Narváez no cejaba y llevaba la causa para adelante, quitando obstáculos y dilaciones legales. Nadie se atrevía a entorpecer la marcha del proceso.

A los pocos días le pusieron en capilla a don Valeriano. Las mismas viudas de los nacionales muertos en la iglesia, pidieron el indulto al general. Claro que lo hicieron por miedo. Narváez las despachó de mala manera, y a las veinticuatro horas llevaron a don Valeriano delante de la iglesia y allí lo fusilaron. Por cierto que el prior no estuvo nada valiente.

Cuando iba a marcharse Narváez de la Calzada fui yo a despedirle.

—Si quiere usted algo de mí, dígamelo —me indicó.

—Yo, mi general —le dije—, en este pueblo, donde abundan los carlistas, vivo con muchas dificultades. De ahora en adelante y habiendo intervenido en el proceso del prior, la vida mía será más difícil.

Narváez me trasladó a Madrid, y cuando entró en el Poder me dio el cargo que tengo en Filipinas.

El general es brusco y violento; pero es, también, capaz de hacer justicia.

Yo reconocí que tenía razón el magistrado y que era muy inseguro juzgar a un hombre por las palabras de sus enemigos. Aquel rasgo justiciero de Narváez me hizo pensar en él con simpatía.

—¿Y su novia? —preguntó Matilde.

—Con la prisión del prior se acabaron mis amores con Rosita —contestó el magistrado—. Naturalmente, su aversión hacia mí se aumentó cuando se fusiló a su tío, don Valeriano. Poco después Rosita entró de monja en un convento de Guadix.

—¿Y no ha sabido usted nada de ella?

—Nada.

SEXTA PARTE

HISTORIAS DE GAMBUSINOS
Y DE PIRATAS

I

CONTRATISTAS DE «COOLIES»

Tenía que seguir navegando en el mar de la China. Me había acostumbrado a él y lo encontraba muy a mi gusto.

Su temperatura, su color, su tranquilidad, sus olas azules y redondas, me parecían llenos de encanto. El poder hacer comercio casi por mi cuenta me agradaba mucho.

El barco que comencé a mandar en esta carrera de Luzón a China fue el bergantín Amistad, de la matrícula de Manila. En el primer viaje vino Chimista conmigo. El buque lo fletó un comerciante llamado Ton-ki-o, para conducir sesenta pasajeros de Manila a Amoy (Hiamen) y regresar con otros sesenta chinos para Manila. El pasaje de cubierta de ida y vuelta eran quince duros por persona.

En Manila los chinos especuladores contrataban *coolíes*, por tres y cuatro años, por doscientos y trescientos pesos, para las fincas rústicas. Tales especuladores ganaban un dineral con aquellos infelices; eran terriblemente roñosos, sórdidos y explotadores. Vendían a sus paisanos tranquilamente.

Estos chinos, cuando volvían a su tierra, llevaban de carga géneros europeos, dinero en plata y artículos de comer, comprados a los moros de las islas Molucas, como el balate, especie de babosa marina, nervios, taglobo, mariscos, camarón seco, quisquillas, aletas de tiburón y bichos de mar, que son, según me decía Chimista, unos gasterópodos pulmonados, cosa que no me aclaraba nada, porque yo no sé lo que son los gasterópodos, ni pulmonados ni sin pulmonar.

Los tales chinos, explotadores, formaban compañías de ocho o diez, y cada compañía embarcaba unas grandes cajas sobre cubierta, con sus arreos de cocina, sus fogones y sacos de carbón y de arroz.

El capitán no tenía más obligación que la de darles agua en abundancia. Cuando instalaban sus hornillos en la cubierta parecía aquello un campamento de caldereros, lleno de fraguas.

Era muy frecuente que, al acercarse al canal de la isla Formosa, cambiara el tiempo y comenzase a hacer frío. Esto ocurrió en el primer viaje: empezó a soplar un viento helado, y los chinos, acostumbrados al clima de Manila, no podían sufrir aquellas temperaturas. Entonces pretendieron entrar en la cámara.

—No les dejes entrar —me dijo Chimista—, que paguen una onza de oro cada uno.

Los chinos comenzaron a lamentarse y a gemir.

—A explotador, explotador y medio —dijo Chimista.

Los chinos aflojaron la mosca y entraron en la cámara.

De esta manera me embolsé yo treinta y tantas onzas de oro.

En el camarote mío llevaba yo cuarenta mil duros en plata, en cajas, rotuladas con los nombres de sus propietarios.

A la vuelta tuvimos temporales, hasta el punto de que los chinos no pudieron cocinar sobre la cubierta; al aproximarnos a la isla Formosa, el cielo cerró en agua menuda y comenzó un viento Norte, frío.

Hubo que refugiarse al abrigo de las islas de los Pescadores Pong-hu, que se hallan en medio del canal de Fu-Kien. Estas islas, como las costas de Formosa, eran entonces lugares famosos de piratas y de bandidos.

Se puso guardia constante y se prepararon los cañones, para que no nos dieran una sorpresa desagradable.

Como hacía mucho frío y los chinos querían bajar a la cámara, establecí la contribución de onza por cabeza y saqué treinta peluconas.

Mientras permanecí cerca de aquellas islas estuve con gran vigilancia y con los cañones cargados de metralla.

En estas islas se perdió años antes la fragata Sabaná, de don Ramón de Olano, en la travesía de Shanghai a Manila. La navegación del canal de Formosa se efectuaba en mejores condiciones, de monzón a monzón; es decir, en tiempo de viento Sudeste se marchaba a Shanghai, y al comenzar la monzón de vientos fuertes, al Norte, y con cerrazones se regresaba.

En la línea recta, entre Amoy y la isla de Luzón se hallan las islas de los Pescadores. El capitán Olano, después de recalar en Amoy, parece que intentó seguir esta línea, sin desviarse, con fuerte viento al Norte y el horizonte cerrado, y perdió su fragata en las islas de los Pescadores y fue desvalijado por los raqueros.

En mi viaje, cuando comenzó a soplar el Norte frío, mis marineros de Manila se metieron en los rincones de la bodega, y por más recomendaciones del contramaestre, de Chimista y mías, no hacían caso. Así que no tuvimos más remedio Chimista y yo que bajar, sable en mano, a la bodega y sacar a los marineros a sablazos.

Por consejo de Chimista se las arreglaron después para abrigarse, poniéndose en el cuerpo muchos sacos vacíos de arroz, haciéndoles tres agujeros: uno, para la cabeza, y dos, para los brazos.

Cambió el viento al Oriente y seguimos navegando hasta dar vista a la isla de Chapel (Nanting su), que se halla casi enfrente de la entrada de la gran bahía de Amoy.

Como tenía a bordo una carta, en escala mayor de la entrada, subí arriba, hasta anclar al lado de otros buques fondeados en el puerto.

Al día siguiente bajaron a tierra los pasajeros chinos, llevando cada uno su caja de dinero y pagándome, acto continuo, la comisión del uno por ciento.

La bahía de Amoy tiene una extensión de largo de unas dos leguas, y de ancho, de una; más arriba, a orillas del río Kieu-Long-Kiang, hay una gran ciudad que se llama Tchan-Tchu, aunque algunos la dicen Tchan-Tchu-Fu.

Esta ciudad era muy grande, de más de medio millón de habitantes, rodeada de una muralla y con un puente sobre el río de ochocientos pies. En ella se fabricaban telas, bermellón, papel, porcelana, tejidos y confituras.

Tchan-Tchu era una de las capitales más importantes de la provincia de Fu-Kien, y tenía un templo dedicado a la diosa del mar.

Las varias islas de la entrada de Amoy eran residencia eventual de los buques ingleses anfioneros; así llamaban a los que traían opio y venían del Japón y de la Tartaria. Estos barcos no podían entrar en el puerto, según el tratado de comercio entre la China y la Gran Bretaña.

Yo había llevado de Manila, como pacotilla, quince mil cigarros puros; mandé al contramaestre en el bote de a bordo a vender mi pacotilla de tabaco a los buques anfioneros, y me la compraron por dinero y por algunas bolas de opio, lo cual estaba terminantemente prohibido.

II

EL RAPO-RAPO Y LAS FIESTAS DE AMOY

Nuestro consignatario de Amoy, un noruego,
Jensen, nos puso a nuestras órdenes un joven chino para orientarnos y acompañarnos. El chino
Fang-Li era muy ingenioso para todo, muy ca-
llado y metódico; escuchaba nuestras explicaciones y comprendía muy bien lo que se le pedía.
En su casa, una casucha muy pequeña, arreglaba
collares y hacía juguetes.

Además era buen cocinero. Guisaba a la europea
y a la china.

—Ven a casa —me dijo un día—; chino te
dará cosas buenas: arroz a la valenciana y torti-
lla a la francesa.

Efectivamente, Fang-Li me dio una comida ex-
celente.

Este chino, industrioso y cocinero, creía en una
religión bastante extraña, para su uso particular,
no era sectario de Confucio ni budista.

Para explicarnos sus creencias, que para él no
tenían más valor que una fantasía, nos dijo que
el dios del cielo inferior, Cang-Hy, tenía tres mi-

nistros: Tankuan, que presidía el aire y dispensaba la lluvia; Tsuikuan, gobernador del mar y de las aguas, y Tei Kuan, que presidía la tierra, la agricultura y la guerra. El, al parecer, era devoto de Tsuikuan. Al hablar de dios de esto y de lo otro, no se trataba del dios único de los judíos, de los cristianos y de los mahometanos; parece que este dios no lo conocían los chinos, y no había palabra en su lengua para señalarlo.

Enfrente de la población de Amoy, cerca de la pequeña isla del Cementerio, estábamos fondeados todos los buques en fila. El día primero de año, con la luna nueva, nos anunció Fang-Li que presenciaríamos una gran fiesta.

Vimos, efectivamente, que del puerto de Amoy pasaban a la isla del Cementerio, desde la mañana al anochecer, un sinnúmero de juncos, botes y barcas flores, con familias numerosas, que llevaban un gran saco. Entraba esta multitud en el cementerio y cada familia se sentaba a rezar en su panteón. Al despedirse, sacaban el saco lleno de papelitos blancos y sembraban con aquello las sepulturas.

El camposanto quedó convertido, desde lejos, en una montaña de nieve. El segundo día, por la tarde, las familias fueron otra vez al camposanto, y dejaron sobre los panteones una porción de manjares, de botellas y de golosinas.

Al tercer día volvieron, comieron los manjares en medio de la mayor alegría, levantaron cometas en el aire con figuras de dragones y de serpientes de colores muy vistosos, y al anochecer quemaron fuegos artificiales, a los cuales, según Fang-Li, daban ellos el nombre de Rapo-Rapo.

Se acercaban las fiestas de Pascua, y nuestro cicerone nos dijo que debíamos ir a ver las comedias que se representaban en las calles y en las casas, para enterarnos bien de las costumbres de China. Construían un tablado con esas piezas que los albañiles llamaban burros y lo cubrían con tres o cuatro tablas.

Sobre este tablado subían los cómicos, dos hombres y dos mujeres vestidos con unos trajes bordados como las casullas de los curas, y cuatro músicos: uno, con un cornetín; otro, con un silbo, una viola y un gong, y principiaba el baile, con muchas muecas, gestos y contorsiones, al son de la música infernal. Concluido el baile, subía al tablado un muchacho, con voz de tiple, y se ponía a cantar con unos gritos espantosos. Cuanto más chillaba, más gustaba.

—¡Qué cosa más horrible! —dije yo.

—Erric bere legue, echeac bere aztura. (Cada pueblo, su ley; cada familia, sus costumbres.) —contestó Chimista sentenciosamente.

Nuestro chino Fang-Li nos llevó a casa de un comerciante llamado Liang-Fu. No se puede tomar muy al pie de la letra mi ortografía china. Uno escribe lo que oye; pero cada individuo de un país distinto oye y escribe de distinto modo.

Los comerciantes chinos tenían cada uno ocho o diez mujeres encerradas en sus gabinetes, y el tercer día de Pascua estos comerciantes, maridos de tantas mujeres, llamaban a una compañía de cómicos que pasaba por la calle y, para obsequiar a sus mujeres e hijos, abrían las puertas de los gabinetes de par en par y les obsequiaban con la fiesta.

A Chimista, al consignatario noruego Jensen y a mí nos invitó a ir a su casa Liang-Fu. Vimos la función, que para nosotros no tenía nada de agradable.

El chino se reía a mandíbula batiente, con esa risa mecánica de los amarillos, y de cuando en cuando me daba con el codo y me decía en castellano:

—¡Capitango! ¡Eh! ¡Qué bonito, qué bonito comedias chinas!

A mí me parecían horribles.

Yo le pregunté a Liang-Fu cómo podía arreglarse con tantas mujeres, y él me contestó:

—Cada luna con una, capitango; y los hijos y las hijas a trabajar la tierra, a la labranza.

Las primeras hijas de cada mujer eran señoras, no trabajaban nunca, estaban siempre sentadas y paseaban en palanquín. A estas hijas primeras de cada mujer les deformaban los pies y se los ponían como si fueran de cabra.

La casa del chino Liang-Fu formaba un cuadro, y en el centro tenía un gran patio con depósitos de agua, donde se lavaba y secaba la ropa. Era una casa baja, dorada, con un sinnúmero de rincones y de pasadizos.

Estos comerciantes chinos como Liang-Fu solían gastar, según me dijeron, mucho dinero en comer; se aseguraba que tomaban un té especial que costaba la libra cincuenta pesos.

Era también frecuente que un chino dedicado al comercio diese una comida con cincuenta o sesenta platos, a veinte o treinta comensales, que le costase cuatro o cinco mil pesetas, en la cual se comían nidos de salangana y otros manjares igualmente caros.

A ninguno de estos comerciantes les gustaba hacer ostentación de su riqueza, y en todos ellos el buen tono estribaba en hablar de su modestia y de su humildad y de la pobreza de sus medios de fortuna.

Después de ver la casa, el comerciante Liang-Fu y Fang-Li nos acompañaron a dar un paseo por el pueblo. En las calles chinas se veían cosas verdaderamente raras: había hombres que iban con un muestrario de ratas muertas para vender; algunos marchaban portando en el hombro, en balanza con un palo, dos cestas con frutas. Otros, en vez de cestas, llevaban cubos llenos de orines, los vendían para las huertas, y echaban tan mal olor, que había para desmayarse al cruzarse con ellos.

Cuando un europeo pasaba por una de aquellas calles, sucias, estrechas y malolientes, la gente comenzaba a dar chillidos agudos, y hasta los perros ladraban y se le acercaban a uno a morderle. Las mujeres de pie de cabra, con el alboroto de los perros, abrían los ventanillos de sus gabinetes y miraban a los europeos, haciéndoles muecas y gestos de burla y sacando la lengua.

Vi pasar por las calles mandarines de primera y de segunda clase, en su palanquín entre cuatro chinos, escoltados por guardias. Al pasar éstos por las calles se abrían todas las puertas y la gente se quitaba sus gorros. El europeo se tenía que parar y saludar, porque si los chinos lo veían indiferente y le cogían solo, lo maltrataban.

En muchas casas chinas en donde entramos

en compañía del comerciante rico, vimos unos grandes patios, llenos de mesas de mármol, con gusanos de seda, que comían sus hojas y sus hierbas. En otras mesas de mármol había té para secar.

Los chinos decían con sorna que cuando recogían sus cosechas de té, primero lo aprovechaban ellos, una o dos veces, y después lo secaban al sol, y este té, ya usado, era el que enviaban a Occidente; algunos me dijeron que hasta se orinaban en el té antes de enviarlo a Europa.

Los chinos eran muy amigos de comer ratones: cazaban miles de ellos, les cortaban la cabeza, les arrancaban la piel y los vendían en la plaza, como las perdices en Castilla.

La verdad era que no repugnaban, parecían cochinillos pequeños.

La navegación en toda la China se hacía con los juncos o champanes. Como tenían el peligro de ser perseguidos por embarcaciones piratas, iban todos ellos provistos de armas y de cañones, y emprendían su viaje en convoy de sesenta o más buques. Se marchaban con la monzón del Sudoeste y regresaban con la del Noroeste.

El día que emprendían su marcha, era una confusión por las músicas que tocaban los barcos con campanas, gong y batintines.

Las anclas de tales buques eran de una madera muy pesada, y sus cables de esparto negro, del grosor de quince pulgadas en circunferencia. Para levar las anclas, usaban un molinete de madera, y tardaban varias horas; todo lo hacían acompañándose de cánticos y salomas; sus timones eran postizos, muy grandes y con gruesos cables.

A nuestro acompañante Fang-Li le pedí que me llevase a casa de un sastre chino, a quien encargué una docena de pantalones de mahón amarillo, dándole como muestra uno mío ya usado. A los tres días me avisó el sastre que ya estaban terminados, fui a su tienda y le dije que me los enseñase. Al examinarlos, vi que todos tenían en la rodilla un agujero grande y le advertí que no me servían, ni podía ponérmelos.

—Mira, chino —le dije—; lo has echado todo a perder dejando este agujero en la rodilla.

El chino tomó en la mano la muestra del pantalón de mahón que yo le había dado, y enseñándome un agujero, me dijo hablándome a gritos como si yo fuera sordo:

—*Palejo, señor; palejo, señor.* Quería decir parejo o, lo que es lo mismo, igual.

Al principio no comprendí lo que me decía y pensé que era una burla; luego advertí que los doce pantalones hechos eran completamente iguales a la muestra que yo le di. El chino se enfurecía y aseguraba que tendría que pagar; luego pensé que el chino tenía razón, y nos entendimos buenamente.

Antes de marcharme me dijo Fang-Li que su hijo tenía convulsiones y perdía el sentido. Para curarle, la madre salía al tejado y agitaba una ropa de niño puesta en un palo, y gritaba: «Hijo mío, vuelve a casa»; al mismo tiempo Fang-Li daba golpes sobre un gong para atraer la atención del alma extraviada. Antes de marchar, le dije a Fang-Li que la señora de un magistrado de Manila

me encargó que le llevara para su servicio una
china de ocho años, cosa que está prohibida.

—¿ Será difícil? —le pregunté.

—No.

Y Fang-Li me proporcionó su hija por veinte
duros.

El magistrado era un contertulio de casa de la
señora de Heredia.

Yo había pensado que este Fang-Li era una
buena persona, es decir, una buena persona a la
europea, pero un chino es siempre algo enigmá-
tico. Me dijeron que Fang-Li, con otros varios,
había cogido una vez en las afueras a un niño
blanco y lo habían empalado.

El principal cargamento que recibí en Amoy,
fue toda clase de loza ordinaria, cajas de sedería,
fardos de mahón azul y amarillo, pañuelos y man-
tones de seda y paraguas de papel, que en China
costaban treinta duros el ciento. También quise
comprar gallinas, pero Fang-Li me dijo:

—No compres, capitango; chinos muy pillos;
llenar las tripas de las gallinas de barro y de piedras para que pesen más.

Además del cargamento, recibí setenta chinos
pasajeros, verdaderamente asquerosos, llenos de
sarna y de inmundicia. Con viento Norte bonanci-
ble, salí fuera de la bahía de Amoy.

Al llegar sobre las islas Babuyanes, comenzaron fuertes brisas, y estando comiendo los chinos,
el jefe de ellos cayó sobre cubierta, rompiéndo-
se el pie y desangrándose; le curé como pude,
poniéndole un pedazo de tafetán inglés y unas

vendas. En recompensa el chino me regaló un vestido de seda de mandarín de segunda clase, que solía usar en casa, cuando quería asombrar con mi lujo a mis amigos.

La víspera de mi salida, de noche, me llevé a bordo a la hija de Fang-Li. Durante el viaje no me dejaba ni a sol ni a sombra. Llegué a Manila, la entregué en casa de la señora del magistrado, y cuando me despedí de ella, echó a correr tras de mí y tuvieron que encerrarla hasta que se fue acostumbrando.

Algunas veces después la vi en casa de doña Matilde, acompañando a unas niñas, y siempre venía a mí corriendo, saltando y riendo. Como hubiera dicho Matilde, vale más caer en gracia que ser gracioso, porque yo, como gracioso, no me he distinguido nunca.

III

LA VIDA DEL PADRE MARTÍN

Varias veces, en casa de Matilde, me encontré
con el padre Martín y hablé con él. Guruceaga
le conocía también. El padre Martín gozaba de
mucha influencia; se le consideraba como hombre
muy austero de costumbres y muy servicial. A pesar de su buena fama tenía enemigos.

Uno de ellos era un procurador amigo de Baranda, de apellido Santos. Este Santos había venido de España con un tal Regato, traidor a los
liberales en la primera y en la segunda época constitucional en tiempo de Fernando VII. Al parecer,
Regato fue a Filipinas enviado por los primeros gobiernos españoles liberales para librarse de
él. En Manila le persiguió la masonería, y asusta-
do, huyó inmediatamente. Probablemente volvió a
la península, donde debió morir en la oscuridad.

Santos, el procurador, fue también perseguido
por los masones, y para parar la persecución in-
gresó en la masonería y alcanzó un grado alto.
Algún negocio tuvo o quiso tener con el padre
Martín, y como no le salió bien, amenazó al fraile

con descubrir su vida y se la contaba a todo el mundo.

A mí me la contó también.

El padre Martín era el hijo del administrador de las fincas de una condesa riquísima de Toledo. El joven Martín hizo sus estudios en el seminario con mucha brillantez y a los veintiún años marchó a Madrid.

El joven Martín, esbelto, guapo, un poco presumido, tenía aspiraciones de ser un gran predicador. En Madrid se unió con lazos de amistad con un canónigo, don Alvaro Gamboa, historiador y hombre culto. Este canónigo contaba con grandes relaciones en la aristocracia, y como uno de los aristócratas amigo suyo, el marqués de Favara, le había hablado de que necesitaba un preceptor para sus hijos, Gamboa le recomendó a Martín.

El marqués tenía dos hijos estudiantes de la Universidad. Martín fue preceptor de los dos chicos. Había, además, en la casa una muchacha de diecisiete o dieciocho años, y la muchacha manifestó el deseo de asistir a las clases del cura don Martín. El padre aceptó y la muchacha comenzó a estudiar. Se lucía ésta más que sus hermanos y hacía versos que se consideraban preciosos.

Había quien consideraba a la hija de Favara como una nueva Santa Teresa. Otros aseguraban que los versos se los escribía el cura don Martín. Luego la muchacha se retiró y no se habló de ella; después empezó a decirse que estaba embarazada. Pasado algún tiempo se supo que se encon-

traba fuera de Madrid recluida en un convento. Al
cura don Martín le enviaron a su pueblo, con-
minándole a que no volviera más a la capital.

El joven Martín se rebeló al principio, quiso
ahorcar los hábitos y reunirse con su discípula,
casarse con ella y marchar a vivir al extranjero;
pero esto era más fácil de pensar que de realizar.
Poco a poco se resignó, y se decidió a no salir de
su pueblo y a vivir allí oscuro y olvidado.

Martín escribía a su amigo el canónigo Gamboa, que también tenía una vida difícil; pues estaba en relaciones amorosas con una señora casada
y, arrepentido, no encontraba la manera de rom-
per hábilmente con ella.

En estas circunstancias llegó al pueblo de Martín la propietaria más grande de los contornos,
una mujer riquísima hija de un contratista de
ejército, de quien el padre de Martín era administrador. La condesa, soltera, de más de treinta
años, nada guapa, había oído la historia romántica
de Martín, y al llegar al pueblo le llamó para verle.

Esta solterona, de un erotismo comprimido, ca-
prichosa y soberbia, se sintió de pronto furio-
samente enamorada del cura y se enredó con él.
La solterona y el cura tuvieron un hijo. La condesa llevó a su casa a Martín y a su padre y después comenzó a hacer gestiones en Roma para que
Martín dejara de ser cura y pudiera casarse con
ella. En Roma la condesa parece que encontró
algún *cavaliere servente* que no le pareció mal, y
abandonó su proyecto de casarse con Martín.

Después de aquel amante tuvo otro, y luego
otro. La situación de Martín en su pueblo era
un poco falsa. En esto vino la condesa al pueblo,

comenzó el cólera en España y la condesa y su hijo murieron en pocas horas.

Las influencias que se habían ejercido a favor y en contra de Martín cesaron, la historia de los amores se olvidó y Martín se decidió a volver a Madrid.

La primera visita fue para su amigo el canónigo don Alvaro.

Se lo encontró a éste triste y preocupado.

Al parecer le iban a nombrar obispo, pero la señora que tuvo relaciones con él y que creía que el cura no la dejaba por remordimiento, sino sólo por ambición, para vengarse mandó al ministerio y al Palacio una historia detallada de sus amores con el canónigo.

Martín, que conocía la vida íntima de don Alvaro, sus apuros y congojas, trató de tranquilizar a su amigo, pero el canónigo le oía sombrío y distraído.

Martín salió de la casa desesperanzado. Estaba próxima la Semana Santa y el cura pensaba dedicarla a la meditación y al ayuno.

El sábado santo supo con sorpresa que su amigo don Alvaro había muerto. Se presentó en la casa y no le permitieron ver el cadáver. En la escalera se encontró con el médico, a quien conocía.

El médico le llamó y le dijo en confianza que don Alvaro se había suicidado, cortándose el cuello con una navaja de afeitar. ¡Suicidado y el día de viernes santo! ¡Un sacerdote, un obispo! Martín, horrorizado, salió de la casa y estuvo enfermo mucho tiempo. Cuando se curó entró de fraile en un convento de dominicos y, poco después, lo enviaron a Filipinas.

IV

OTRA VEZ AL PACIFICO

Por entonces se comenzó a hablar en todo el mundo de las minas de California, y de la falta de provisiones que allí existía, por motivo de la aglomeración de aventureros de todas clases, llegados al país.

Mis armadores, en unión del cónsul de los Estados Unidos, determinaron hacer un viaje con cargamento de comestibles, tocando primero en Cantón.

En Manila embarqué mil doscientos sacos de arroz, mil quintales de azúcar refinado y llevé como pacotilla unos fardos de pieles de murciélago, que en Filipinas llaman paniquies. En Cantón tenía que cargar ropa hecha, calzado y dos casas de tablas. El resto, hasta abarrotar el buque, lo que se presentara. Llevaba de piloto a un andaluz, llamado Garrido.

Me hice a la vela en línea recta y comencé después a barajar la costa de China.

En Cantón me esperaba Chimista, a quien había escrito. Llegué a la ciudad y compré como pacotilla seis barriles de huevos en salmuera, doce quintales de pescado seco y varios tableros que sirven para contar y jugar a los chinos; me despaché y tomé un práctico hasta la bahía de Haetán, extremo Norte de la isla Formosa.

Navegué en la costa china con este práctico. En la marea contraria nos pegábamos a tierra con el buque y al cambiar salíamos para afuera, marchando a favor de la marea, cosa que parecía imposible, pero que así era.

A los cuatro días se despidió el práctico y se marchó en un barco de pesca. Yo seguí mi viaje dando bordadas sobre las costas de China, marchando en dirección Nordeste.

Al segundo día de despedir al práctico se puso el cielo de un cariz muy feo y comenzó una brisa del Sur, fresca, obligándome a aferrar los juanetes y a tomar un rizo a cada gavia. El viento iba apretando cada vez más, y determiné dar vista a la isla Oko-Sima y seguir por el Norte de ella.

Luego de pasar esta isla tuvimos granizadas y chubascos y, a los dieciocho días, estábamos en el meridiano de las islas Marianas. Pasamos cuatro días infernales, hasta aproximarnos a la entrada de San Francisco.

En los cincuenta días de navegación no vimos una vela. Al acercarnos al puerto encontramos cuatro grandes fragatas, seguí yo tras ellas, largué el ancla y al cuarto de hora de fondear llegó al costado un pailebot americano, y comenzamos la descarga.

Como los cuentos de las minas magníficas de oro, en donde se hacía uno rico en unos meses o en unas semanas, corrían entre los marinos, yo vigilé para que no se me escapara la tripulación; llevé mi barco lejos del puerto y comencé a tomar lastre de arena.

Chimista se quedaba en San Francisco.

—Dentro de seis meses estaré otra vez en Filipinas, y creo que ya me retiraré —me dijo.

—¿Has hecho la pacotilla, Chim? —le pregunté.

—Sí, ya la vamos haciendo.

Mi piloto también se marchó. Quería ensayar las minas de oro.

V

LA FIEBRE DEL ORO

San Francisco, entonces, no tenía carácter de ciudad, sino de un inmenso campamento de gambusinos. En la villa antigua y cerca de la isla de San Pablo, se estaban levantando dos poblaciones grandes, con casas de madera, fabricadas en Europa y en otros pueblos del Este de los Estados Unidos.

Todo costaba allí un dineral. Las posadas no tenían camas, la gente dormía en el suelo, apoyando la cabeza en sus maletines, llenos de instrumentos para descubrir o aislar el oro.

Llegaban al país los hombres de todas las naciones del mundo: estafadores, ladrones, presidiarios, jugadores, indios, negros y chinos, con el revólver y el puñal en la cintura. Allí se respiraba la fiebre áurea.

Menudeaban los robos y asesinatos y la policía no se atrevía con la gente maleante, de miedo a un tiro en la espalda.

En las casas y posadas se pagaban por una comida seis y ocho pesos; los aventureros y criminales abundaban. Si barruntaban que alguno llevaba oro en la cintura le mataban y le robaban de noche. Allí sólo valía la ley de la fuerza.

Todos los gambusinos usaban grandes botas de goma, hasta los muslos, para meterse en los riachuelos de lodo a sacar pepitas; los asadores y cedazos para las minas valían también como si fueran de oro.

Allí se consideraba casi lícito matar y herir a un hombre por un motivo de odio o de venganza y se le condenaba levemente; pero, al ladrón, se le colgaba sobre la marcha.

Se jugaba en las casas de juego con la pistola en la mano, y se oían advertencias como ésta: *I'ili make a hole in you.* (Yo haré un agujero en su cuerpo.)

Interrumpiendo alguna frase así se oía decir: Bueno. Basta de tonterías y sigamos la partida.

En toda la zona de San Francisco se cometían por entonces crímenes terribles; los chinos se distinguían por dar a los crímenes un carácter complicado, de crueldad feroz.

Se hablaba con elogio de un alcalde de una aldea próxima a Sacramento, el juez colgador más ilustre de los Estados de la Unión. Cuando le llevaban a algún procesado por haber robado una maleta o una pipa, inmediatamente lo condenaba a ser ahorcado, y la sentencia se cumplía en el acto.

Una vez, uno de los que presenciaban el juicio, dijo:

—Perdone el señor juez; pero yo creo que este acusado es inocente.

—Es imposible, ciudadano —contestó el juez—;

no hay inocentes entre nosotros. Si no ha cometido el delito en cuestión, habrá cometido otros, aquí o en otra parte, así que es conveniente colgarle.

Todos los días llegaban barcos a San Francisco; pero no se paraban en la ciudad, sino que marchaban directamente a los puertos próximos, a los ranchos o a las minas, donde los viajeros iban a buscar a sus parientes o a sus amigos.

En San Francisco, en una calle nueva, encontramos una tienda de bebidas y posada, que tenía este letrero en vasco: *Goizeco Izarra*. (Estrella de la mañana.)

—¿Has visto? —me dijo Chimista.

—Son algunos vascos.

—Sin duda.

Entramos. Eran unos vascongados, que habían puesto una posada y taberna, donde se reunían muchos paisanos, buscadores de oro. Había una pequeña colonia. Entre ellos conocimos a un vizcaíno, Antonio de Zornoza, a cuya casa acudían todos los españoles. Era un hombre muy valiente, muy atrevido y muy listo. Era como el consejero de la colonia vasca y de la española. Pasaba por médico aunque, según decían, no tenía ningún título. Cortaba brazos y piernas como un experto cirujano. No se sabe dónde había aprendido aquel arte.

Tomó gran reputación de hombre serio y honrado; los vascos gambusinos depositaban el dinero con entera confianza en sus manos. Según me dijeron, Zornoza encontró unas minas en California, con unos indios, y formó sociedad con ellos; pero riñó después, y tuvo que salir, perseguido, hasta meterse en San Francisco, donde se improvisó médico cirujano, con gran éxito.

Años después me contaron que Zornoza jugaba y, al parecer, sin suerte, y habiendo perdido el dinero suyo y el de sus administrados, huyó en un navío americano para Panamá; después se refugió en Chile, en un pueblo llamado Quillota, cerca de Valparaíso, donde siguió ejerciendo con fortuna la profesión, que al parecer no era suya, de médico cirujano.

Iba a salir yo de San Francisco sin piloto, cuando se me presentó, pretendiendo el cargo, un joven inglés, John Baker, que había sabido que yo iba a Filipinas, y quería venir conmigo.

Supuse que habría hecho alguna calaverada. Baker no era mal piloto; pero sí un tanto loco, caprichoso y, además, muy distraído; no se le podía confiar nada. Ya antes había viajado por China y por el Japón.

Me habilité en San Francisco, y como el comprar allí provisiones para el regreso a Manila me costaría mucho, determiné arribar a las islas Sandwich, donde podría hacerlo con más economía. La idea le gustó a mi consignatario, quien se quedó también con la pacotilla de pieles de murciélago, huevos y pescado seco, que había llevado a California, dándome una utilidad del ochenta por ciento.

Cuando tuve mi buque en lastre emprendí sin demora el viaje de vuelta para Manila, porque la marinería iba soliviantándose con la idea de los yacimientos mineros. Desde el puerto de San Francisco hasta las islas Sandwich hay seiscientas leguas de distancia al Sudeste. El archipiélago se compone de siete islas, de las cuales la más principal es la de Haway.

A los quince días de salir de San Francisco, hallándome en el paralelo 20'50, determiné pasar por entre la isla de Maui y la de Haway, por el canal de Alenui-haha, y barajando la costa me acerqué al fondeadero de la bahía llamada Kailua, en donde fondeé en doce brazas.

Al cuarto de hora llegaron al costado ocho canoas, con dos y cuatro indios, seminegros y desnudos.

Poco después vino a bordo un bote con seis remeros de color y a popa un blanco, el capitán del puerto.

Me preguntó de dónde venía y adónde me dirigía; bebió conmigo un poco ron y me dijo que no me fiase de los naturales, según él malos e intratables. Advertí a mi piloto Baker que, sin un papel mío; no recibiera nada a bordo; en seguida fui a tierra, con el capitán del puerto, a un almacén de comestibles y de efectos navales. Escribí una lista de lo que necesitaba, la tradujo Baker y, a las tres horas, se embarcaron víveres para seis o siete meses por poco dinero.

El capitán del puerto me explicó que poseía en el interior, hacia los montes de Mauna Loa, una mina de carbón de piedra y un depósito en el puerto de Kealakekua. El capitán me llevó a casa del gobernador americano, quien me dijo que su señora ansiaba dejar aquella isla por el miedo que le producían los temblores de tierra que, al parecer, allí eran horrorosos.

El gobernador me contó que conocía a un español, y resultó que el español era Chimista.

La gente de las islas de Haway me pareció muy parecida a la de Manila; tenía color de café con leche, la nariz muy aplastada, estatura alta y buena presencia; las ropas a lo chino, camisa y pantalón de mahón azul, muy ancho.

La temperatura en la isla era muy calurosa, yo estaba deseando marcharme; no así los marineros; allí parece que se encontraban como en el paraíso de Mahoma, pues todas las mujeres a las que se dirigían se rendían a las pocas palabras.

Dejamos Haway y la vista de su cráter, del volcán que se llama Moku-A-Weo-Weo, y al poco tiempo nos sorprendió un chubasco con truenos y relámpagos, que no paró hasta el día siguiente; pasado el gran chubasco comenzaron las brisas frescas al Norte, y navegamos a todo trapo.

A unas ochenta leguas de las islas Marianas, una fragata me hizo señales de que quería comunicar conmigo; me detuve, y llegó a bordo un capitán inglés, de un buque ballenero. Había hecho un crucero por los archipiélagos de las islas Marquesas, Carolinas y Marianas y se marchaba a los mares del Japón. Me regaló un barril de esperma de ballena, y yo, a mi vez, le obsequié con un garrafón de vino y una caja de dulce de Manila.

Días después se dio vista a la isla de Paygan, una de las del Norte de las Marianas. Salieron a mi encuentro algunas piraguas; pero yo tenía prisa, no necesitaba nada y, sin pararme, seguí mi rumbo hacia el Estrecho de San Bernardino, desde donde entré en la bahía de Manila.

VI

NAUFRAGADORES

Después de este viaje, que fue bastante productivo, mi armador fletó un nuevo buque, el Betis, para Shanghai, con escala en Amoy. La mitad se embarcó de añil, para Shanghai, y el resto para Amoy, con carga de víveres y productos de las Molucas.

Baker vino conmigo de piloto.

Marchamos a Amoy y desde aquí me hice a la vela para Shanghai; como el viento soplaba muy fuerte, determiné arribar a los islotes de Chu-Heken, en donde estuvimos anclados y amarrados a las peñas cuatro buques ingleses, anfioneros, dos fragatas de guerra británicas y yo, que fondeé al socaire de la isla Mayor.

Al abrir el día siguiente me hice a la vela con feo cariz y seguí navegando muy cerca de tierra, dando el resguardo a las pequeñas islas Ping-hac, y después de rebasar el Norte de la isla Formosa, seguí el rumbo hasta reconocer la costa de Fu-Kien, de China, y tomar su abrigo, siempre entre islas y escollos. Seguí barajando la costa de China, de Tché-Kiang y de Ning-póo, atravesé la bahía de Hang-Chú para meterme, primero, en el río Yang-Tse, y después, en el río de Shanghai, el Wusung.

El Yang-Tse, río enorme, estaba lleno de una infinidad de champanes, juncos y barcas de todas clases, que iban y venían en aquellas aguas turbias y fangosas.

Los *coolíes* se movían en esta agitación, dando gritos chillones, insultándose y, sobre todo, insultando a los blancos.

Shanghai era una gran ciudad, amurallada y rodeada de fosos. A orillas del río se comenzaba a construir un barrio europeo.

La entrada de Shanghai, muy dificultosa, estaba llena de pequeñas islas y bancos de arena, que formaban una porción de canales. No había práctico que ayudara, y era indispensable navegar con la sonda en la mano.

Al que le sucediera el percance de varar en la baja mar, quedaba en seco sobre la playa de arena hasta la subida de la marea, en que el buque se pudiese poner a flote.

Esta vez pude comprobar la enorme oscilación de las mareas en las costas de China. Dos veces embarranqué en la playa, y con muchísimo trabajo salí del atranco y pude subir llevado por la pleamar hasta que llegué a un muelle, donde se amarró el buque. Los pasajeros chinos fueron en seguida a tierra.

En esta ruta, entre China y Luzón, naufragaron bastantes barcos por aquella época; unos, de verdad, y otros, de mentira.

Uno de los naufragios de mentira fue el de la fragata Isla de Panay, al mando del capitán Villaranda. Dos hermanos armadores, los Orbetas, tenían un navío viejo, que se llamaba La Bilbaína, y querían deshacerse de él. La fragata cambió por entonces de nombre y se llamó Isla de Panay. La fletó la casa Menchacatorre y Compañía para hacer un viaje al puerto de Amoy, con carga y pasajeros, en su totalidad chinos. El mando lo tendría José Villaranda, amigo de los Orbetas.

Los chinos, además de sus pacotillas, embarcaron ochenta mil duros en oro, siendo la aseguradora del buque y del dinero la casa Menchacatorre.

Villaranda se hizo a la vela para China y, al hallarse a la vista de tierra, pegó, según malas lenguas, unas barrenadas al buque en la Santa Bárbara, abandonándolo después y embarcándose con la tripulación en las lanchas y botes, hasta refugiarse en Macao.

El capitán Villaranda pasó a Manila y, para justificarse, dijo que el buque se había ido a pique porque se hallaba en malas condiciones.

La casa Menchacatorre tuvo que pagar los ochenta mil duros, más treinta mil del seguro. Los Orbetas gratificaron a Villaranda con diez mil duros.

Villaranda se los gastó y se dedicó a emborracharse, y estaba al poco tiempo en la mayor miseria. Yo le conocí envejecido y miserable, pegando sablazos a todo el mundo.

Poco después la Isla de Panay fue hallada por unos pescadores chinos que la llevaron al puerto de Hong-Kong; se hizo cargo de ella el Gobierno inglés, la puso en seco, se taparon las barrenadas y se registró convenientemente, y los ingleses no encontraron ni cajas ni sacos con dinero. Este se derritió en el agua como si fuera de azúcar. Al parecer, el capitán no había llevado un cuarto, y el dinero de los chinos quedó en Manila, y a los pobres chinos, entre los Orbetas y el capitán, les dieron el cambiazo.

VII

EL MUÑECO CHINO

La carga que recibí en Shanghai fue de sede-
rías, loza ordinaria, mahón amarillo, paraguas de
papel, etc. Shanghai era sitio muy frío; pasado el
mes de octubre no había quien resistiera allí. Un
capitán vascongado del brick-barca La Linda quedó enteramente baldado, hecho una momia con
los fríos de aquella ciudad. Al comenzar los fríos
decidí marcharme. Esperaba terminar mis asuntos cuando se me presentó en el barco un chino
con un paquete envuelto en papeles diciéndome
que quería hablarme.

—¿Qué quiere usted? —le dije.

El hombre desenrolló los papeles y me mostró
una figurita de diez o doce pulgadas de alto.

El chino me dijo en español chapurrado que
tenía esta estatuita, que era de Confucio, de un
antepasado, que un amigo usurero le había presta-
do por ella cien duros, con la condición de que si
no se los pagaba le diera la figurita, y que venía
a ofrecerme la estatua por doscientos duros.

—¿Doscientos duros? Es cara.

—No es cara —dijo el chino—. Vale más, mucho más.

—¿Es de porcelana?

—No, no, ¡qué va a ser de porcelana! Es de cobre con esmaltes, trabajo antiguo muy antiguo. Míralo.

Tenía el chino que me ofrecía la figurita aire de hombre inteligente y decidido y parecía persona honrada. Claro que el chino es un enigma para un europeo, y por más que quiera, no lo entiende.

Contemplé la estatuita; efectivamente, era de cobre y tenía una capa de esmalte. Indudablemente, debía valer mucho.

—Yo no entiendo de estas cosas —le dije al chino—; pero si tú crees que esta figura vale más, ¿por qué no la vendes en Shanghai? ¿Para qué vienes a ofrecérmela a mí?

—No me conviene, no me conviene venderla en Shanghai —me contestó él—. Se averiguaría de dónde procede. No me conviene. Tú, en cambio, te vas y no vuelves. Si quieres, capitango, tómala. Es barata, doscientos pesos.

Estuve vacilando y de pronto me decidí, fui a mi armario y le di al chino doce onzas y ocho duros. Se fue el chino y comencé a contemplar la figurita. Cuanto más la miraba me parecía más llena de perfecciones. Para desilusionarme a mí mismo, me decía: Es posible que me hayan engañado y que esto no valga más que ocho o diez duros; pero no importa, me gusta y estoy contento con la compra. Supuse si el chino tendría la figura procedente de algún robo y pensé que, probablemente por eso, no quería venderla en Shanghai.

Estaba un poco emocionado con mi adquisición.

—Veremos a ver qué dice Chimista al verla. Le va a parecer muy bien.

Decidí meterla en el cofre, pero no cabía y tenía que estar dentro apretada, con lo cual le podía saltar alguna lámina de los esmaltes.

Resolví dejarla dentro del armario de mi camarote y sujetarla para que no se cayera con los movimientos del mar. Todos los días la contemplaba. La enseñé a Baker, y éste me dijo:

—Creo que ha hecho usted un buen negocio, capitán. Esto debe valer mucho.

Estaba esperando para volver a Manila a tener la carga completa, impaciente por la tardanza. En esto una mañana me llaman al puerto; tomo el bote y nada, no pasaba nada, una equivocación de un mozo y del consignatario.

Vuelvo a mi barco, entro en mi camarote y lancé un grito. La figura había desaparecido. Llamé a la tripulación, registré sacos y cofres, nada, no apareció nada. ¿Quién había entrado en mi camarote? No lo pude averiguar. Me entró al principio una verdadera desesperación, pero al poco tiempo me resigné.

Después, me dijeron:

—También le han llamado al piloto y no ha vuelto al barco.

Supuse que el piloto no tardaría en aparecer. Con relación al robo de la figurita pensé en avi-

sar a la policía, pero me figuré que esto no me ser-
viría para nada y que quizá se burlaran de mí.
No me decidí tampoco a hablar al consignatario.
Me la habían jugado de puño y lo mejor era ca-
llarse y dar el dinero por perdido, y adelante.

VIII

LA DESAPARICION DE JOHN BAKER

Al día siguiente el piloto Baker no apareció.
Supuse si su desaparición tendría relación con el
robo de la figurita.

Pasaron dos días y no se tenían noticias de
Baker.

Entonces avisé al consignatario, di parte al
cónsul de los Estados Unidos de la desaparición
de mi piloto, se le buscó y no se le encontró. Se
pensó si habría ido con alguna mujer, si estaría
borracho en alguna taberna. Yo decidí, si al cuarto día no se presentaba, marcharme de Shanghai.

Estaba haciendo ya los preparativos para zarpar cuando apareció el hombre; venía pálido, con
la cara descompuesta, el traje destrozado y con
desolladuras en las manos.

Me contó una historia de una manera un tanto
descosida e incompleta. No pude averiguar la cantidad de verdad de lo que contaba.

Pensé si sería sólo una fantasía de su cerebro.
Sin embargo, había detalles que parecían ciertos.
Esta fue la narración:

—Me encontraba en Shanghai, cerca del puerto —me dijo Baker—, en una taberna, con un chino empleado en la casa del consignatario de nuestro barco, esperando a una mujer, cuando me invitaron a pasar a una sala próxima a tomar un poco de opio. Yo entré por curiosidad, me senté, fumé dos o tres veces en una pipa para probar el gusto que tenía, y nada más.

Poco después salimos del cuarto del opio, bebí una copa en la taberna y con el empleado del consignatario fui al muelle y entré en un tancal para volver al barco. Me acuerdo muy bien de todo.

La noche estaba fría y oscura. Me senté en el bote e iba adormilado. Llegamos al barco. Yo creí que era éste. Subí por una escala y varios hombres me sujetaron y me ataron.

Comencé a gritar, quise sacar un arma, pero me la habían quitado.

El barco zarpó y fue bajando por el río, pasé por delante de varios juncos en donde brillaban luces. A la media noche comenzó a llover y hubo después una furiosa tempestad de rayos y de truenos. Yo supongo que fuimos bajando con la corriente por el río. Antes de amanecer habíamos parado delante de una casa pequeña con una luz roja.

Se detuvo el barco en un muelle. Los marinos me cogieron en hombros y me dejaron en un cuarto negro con unas letras chinas pintadas con blanco en las paredes.

Allá me quedé atado, espantado, pensando qué querrían hacer conmigo. Al día siguiente, un chino viejo, de barbas, con anteojos y aire burlón, acompañado de otros dos, entró en el cuarto y se me acercó con un farol en la mano.

El viejo chino de las barbas y de aire irónico me preguntó detalles de este barco y de la ruta que pensaba seguir para ir a Filipinas. Yo le dije la verdad, que no lo sabía. También me interrogó sobre el número de tripulantes y de cañones.

Concluido el interrogatorio, quedé en el suelo, amarrado y lleno de congoja. A pesar del miedo que tenía y de la posición incómoda en que estaba, dormí unas horas. Al despertarme entraba la luz del sol en el cuarto y vi a un chino con la figurita que tenía usted en su despacho. Hablaban varios y se referían a la figura. Pensé si estaría soñando, pero no, era la realidad. Uno de los chinos me dio un vaso de una bebida, lo tomé porque estaba muerto de sed y, sin duda, quedé dormido, y cuando me desperté me encontré en un muelle de Shanghai, aterido de frío. Entonces entré en una lancha y me vine a bordo.

Cuando escuché esta relación no supe qué pensar: lo mismo podía ser todo aquello una realidad que una fantasía del opio. Sospeché si Baker fumaría opio. El detalle de que hubiese visto la figurita que me habían robado a mí, me chocaba.

Salimos de Shanghai, tenía buen tiempo y fui por sitios distintos de los habituales hasta la salida de la ría. Ya fuera, enderecé el rumbo al Sudeste, entré en el canal de Fu-Kien, di la vuelta a la isla Formosa y salí dando la vista a la punta del Cabo Sur, y después, en línea recta, me dirigí hacia el Cabo Bojeador y llegué a Manila sin novedad.

En Manila le dije a Baker que no lo necesitaba. Había notado que, efectivamente, fumaba opio. Un borracho de opio es un peligro en un barco. Por otra parte me parecía muy prudente la práctica de Oyarbide, que no quería llevar a bordo a tipos a quienes ocurrieran cosas raras, sino a gente vulgar.

Le conté a Chimista lo que me había pasado con el muñeco de cobre y de esmalte y él escuchó muy atentamente mi relación.

—Es raro —dijo—. Es extraño.

Al parecer tenía gran curiosidad por averiguar lo ocurrido, y pasadas algunas semanas me llamó:

—Algo he averiguado del negocio de tu muñeco de Shanghai. La historia que me han contado es una historia fantástica e inverosímil; no sé si será cierta. Me han dicho que en Shanghai hay una asociación de piratas al mando de un viejo bandido llamado Kieng-tsin. Este viejo bandido vive del prestigio y de una contribución que cobra a los demás piratas. La sociedad tiene una figura de Confucio en esmalte, antigua, estimada entre ellos, y se reúnen periódicamente en una casucha arruinada de la isla de Tsunming. Sucede que los piratas recientemente asociados no tienen siempre por el viejo Kieng-tsin el respeto de los antiguos, y entonces el bandido, para tomar nuevo crédito, se prepara a una gran expedición, y para dar a sus gentes la impresión de que el negocio donde interviene él ha de ser de vida o muerte, lleva la imagen de Confucio a un barco y la vende; después atacan todos desesperadamente al barco y lo toman y recuperan la imagen.

—¡Es curioso!, puede muy bien haber sucedido esto. ¿Y qué tipo es ese pirata?

—Parece que es un viejo de barba blanca y anteojos.

—No, pues ése no estuvo en mi barco.

—Sería algún lugarteniente.

—Las señas del viejo de las barbas coincide con las que dio mi piloto Baker.

—Me han dicho también que como generalmente los piratas suelen tener complicidad con algunos marinos del barco que piensan atacar, éstos se encargan de estropear la pólvora echándola agua o mezclándola con carbón.

—Tengo que ver.

Examiné la pólvora y, efectivamente, estaba húmeda y no servía. En vista de esto despedí a toda la tripulación y tomé una nueva de filipinos.

IX

CAPITAN, RAPADOR

En mi nuevo viaje a Hong-Kong, el Betis se cargó en la bahía con el arroz que trajeron tres pontines. Los pontines son unas embarcaciones de cabotaje, que gastan velas de petate, y a sus patrones o capitanes se les llama arraez, a la antigua española.

En aquel viaje no me ocurrió nada de particular, únicamente me hicieron desesperar los marineros filipinos. Gastaban aquéllos un pelo tan crecido, que las greñas les cubrían los ojos, y no veían al hacer las maniobras.

Yo determiné cortarles a todos su asquerosa pelambrera. Para dar ejemplo, mandé rapar primero a los dos muchachos de cámara, llamando a los marineros de proa. Pronto les esquilaron con sus grandes tijeras. Los marineros de proa se reían, porque no sabían ellos lo que les esperaba. En seguida mandé a los dos muchachos que raparan a los marineros, éstos se opusieron, pero mi caña de bambú arregló la cuestión al momento.

Así fui llamando a toda la tripulación. Algunos me suplicaban, con lágrimas en los ojos, que no les cortara el pelo, diciéndome:

—No cortar pelo, señor capitango; yo no querer dinero del viaje, pero no cortar pelo.

Consentían mejor en perder tres meses de su sueldo que el sucio adorno de sus cabezas. De nada les sirvió las súplicas, ni los lamentos; todos, hasta el último marinero, fueron esquilados. Cuando llegamos a Manila ninguno quería ir a tierra, de vergüenza; pero la ocurrencia no me salió de balde. Al viaje siguiente nadie quería embarcar conmigo de marinero, y los indios preguntaban en la Comandancia cuando sabían que partía un barco para la China:

—¿Quién capitango? ¿Aquel capitango bravo, rapador, cortar pelo? No quiere embarcar.

Con esta prevención contra mí, tuve que llevar marineros que no sabían su oficio, mozos de cuerda y hasta cocineros.

Por entonces el armador quiso hacer una expedición llevando arroz, desde Salanga, en Siam, hasta Amoy. En Salanga abunda mucho el arroz. Para ir a Salanga, por Singapore, es más conveniente esperar a los primeros días de mayo y seguir luego la penosa navegación por el Estrecho de Malaca. Me hice a la vela con viento al Nordeste, llegué a Singapore y mandé un aviso al consignatario para que viniera en mi barco a hacer la compra.

En el tiempo que navegué en el Estrecho de Malaca, todos los días, por la tarde, fondeaba con el ancla hasta la media noche, que volvía a levar y a ponerme a la vela. Cuando me hallaba en la

latitud precisa, me aproximé a una isla llamada
Junk-Sailon, vi ancladas cuatro fragatas y con sonda en la mano fui cerca de la playa.

Al cuarto de hora llegó al costado un mulato,
capitán del puerto, y después de las preguntas de
costumbre fui a tierra con el consignatario y bajé
a la aldea, formada por chozas y grandes almacenes, hechos con palos y nipas.

Hacía un calor tan horroroso, que se me tras-
tornó el cuerpo y tuve que meterme en la cama.
Parecía que el sol le traspasaba a uno el cráneo.

Tuve una especie de disentería, y creí que, de-
finitivamente, aquella vez liaba el petate. Entonces me acostumbré a tomar láudano, y si poco
después no hubiese hecho un gran esfuerzo, me
hubiera entregado a esta droga.

Tardamos siete días en cargar, y después de terminada la carga traté de aproximarme a barlovento a la isla de Sumatra, y al abrigo de esta
isla navegar con toda precaución, barajando la
costa malaya.

Encontramos muchas embarcaciones pequeñas
en aquellos parajes, algunas sospechosas, de piratería; a la semana llegamos a la bahía de Singapore y anochecimos al Norte de la isla Bintang.
Mandé la derrota a pasar entre las islas Pulo Tioman y Anambas, y a dar vista a la isla Pulo
Condor.

Luego tomé el rumbo al Nordeste, esquivando
los bajos peligrosos, y llegué a la isla de Luzón.
En aquellos días se presentó en Manila la fragata
Magnolia; venía de Cádiz con su capitán, don
Juan de Aldecoa y un sobrino, que quería exa-
minarse de piloto. Este joven se llamaba Celedo-

nio de Ansoleaga, y Aldecoa me propuso que viniera de segundo conmigo. Yo lo acepté.

En pocos días se cargó el bergantín Betis, de arroz, y con viento favorable marchamos camino de Hong-Kong. Fondeamos en Wampoa. Yo estaba con un ataque de reumatismo y no pisé tierra. Después, concluida la descarga, emprendimos el viaje para Hong-Kong y se recibió lastre de arena, cien bultos de carga y veinte mil duros en plata.

En lugar de la remontada por el canal de Occidente me determiné a pasar por el de Oriente, tomando un práctico chino hasta la salida. En cuanto se dio vista a la pequeña isla llamada Piedra Blanca, y que de lejos finge tener iglesias y torres de mármol, salimos al mar de la China, y con viento favorable y navegando a todo trapo llegamos al puerto de Amoy.

El mismo día de nuestra entrada en Amoy, salió una escuadra de champanes chinos, de comercio, para los puertos del Japón, Tartaria y mar del Norte, llevando cada uno de ellos grandes cantidades de oro.

Todos los piratas de los contornos se movilizaron y siguieron de lejos a aquella escuadra, por si alguna de las embarcaciones se alejaba o se descuidaba, atacarla, entrar al abordaje y, después de robarla, echarla a pique.

Pensé que, probablemente, cuando llegaran más al Norte, se les reunirían los piratas de la isla de Tsuming, que me habían engañado a mí con la figura de Confucio.

A la vuelta de este viaje a China el armador vendió el Betis y yo me quedé sin barco.

SEPTIMA PARTE

EL TIFON

I

UN BARCO MALO

Uno de los Orbetas citados compró una fragata de cuatrocientas treinta toneladas, la Plencitarra, a un paisano, y le cambió de nombre, llamándola La Sampaguita.

Me ofrecieron el mando de este buque monstruo y mal construido; no tenía otro por entonces, y acepté. El barco no se sostenía derecho. Se le pusieron de lastre lingotes de hierro para conseguir su nivelación.

En el primer viaje llevé a la isla de Panay mestizos pacotilleros y un cargamento de torzal, para hamacas. Este viaje lo realicé con bastante fortuna, a pesar de lo malo del barco. Cuando volví, el armador me envió a cargar tabaco del Gobierno a Cagayan.

Por entonces me encontré a Chimista, de vuelta de América, y me preguntó:

—¿Adónde vas en el próximo viaje?

—Me han dicho que vaya a Cagayan.

—Yo también tengo que ir por allí.

—Pues nada; ya sabes.

Nos acercamos a la bahía y, al enseñarle el barco, me preguntó Chimista:

—¿Mandas tú ese barco grande?

—Sí.

—Yo no me embarcaría en ese bombo. Eso es muy malo.

Me preocupó su opinión, porque Chimista tuvo siempre buen ojo para las cosas de mar.

Mi armador, Orbeta, hizo la contrata para recibir fardos de tabaco durante dos meses y cargar en Manila vino de coco, barriles y pasajeros. Como he dicho, La Sampaguita era un barco muy malo; no se podía navegar con él más que muy pegado a tierra, al socaire del viento. Orbeta andaba mal de dinero, ideando siempre extrañas combinaciones económicas; a mí mismo me pidió mis ahorros, pero no se los di.

En septiembre me dijo:

—Me he comprometido con el cónsul americano para traer un cargamento completo de abacá, desde Albay.

—Está bien.

Preparé La Sampaguita y me dispuse a tomar en la Comandancia de Marina veinte hombres de tripulación, con un contramaestre indio. En seguida se presentaron once pasajeros para Albay; dos tagalas, sirvientes del gobernador y un asturiano, llamado Cobos, encargado de comprar el abacá. Días antes me encontré con Chimista; pensaba también ir a Albay.

—Yo también voy —le dije.

—¿En dónde? ¿En aquel bombo viejo? —me preguntó.

—Sí.

—Pues yo ahí no iría por nada en el mundo.

—Veo que te has hecho prudente.

—Mejor que ahí, en una lancha.

Yo, en parte, pensaba lo mismo. A las veinticuatro horas de comenzar a habilitar el buque, me hallaba listo del todo para emprender el viaje; mas como el tiempo se presentaba de mal cariz y el barómetro bajaba terriblemente, no me determiné a salir.

El señor Orbeta había firmado un contrato con el cónsul americano, por el cual se comprometía a salir con el barco el día señalado o, a lo más, veinticuatro horas después. Si no, pagaría una multa de tres mil duros. Orbeta vio desde tierra que no me había hecho a la vela; la multa se le acercaba, se embarcó en un bote y llegó a bordo.

—¿Qué hace usted? ¿Por qué no sale? —me preguntó.

—Porque el tiempo se está poniendo muy malo. Viene algo gordo. El barómetro baja mucho, llevamos muy poco lastre y el tiempo toma un cariz muy feo.

El hombre decía que no, que la cosa no estaba tan mala y no paró hasta echarme fuera de la bahía.

—Le advierto a usted —le dije— que, de salir, el barco corre peligro.

—Vaya usted, aunque sea hasta el puerto de Mariveles, a tomar lastre y a esperar la bonanza.

No debí de hacerle caso; pero accedí, para que no dijeran que era cobarde, y me hice a la vela a las siete de la noche, contra mi voluntad.

Al salir yo, entraban en la bahía de Manila dos fragatas españolas: el Colón y La Bella Vascongada. Luego llegó a mí la noticia de que el capitán de uno de los buques preguntó:

—¿Quién es el imprudente que se ha hecho a la mar con un tiempo de tan mal cariz?

El otro parece que dijo:

—O no sabe nada de mar, o es un loco.

Ellos no podían averiguar el motivo de mi salida.

Al aproximarse a la Boca Chica, entre la Punta Gorda y la isla del Corregidor, me dio el viento un sopetón terrible en las velas y me hizo imposible el paso al puerto de Mariveles. Entonces me determiné a fondear al Sur de la isla del Corregidor, a un cable de distancia de tierra, donde no azotaba el viento con tanta violencia.

Inmediatamente, después de anclar, y como en el barco teníamos una ballenera grande, mandé a tierra la mitad de la tripulación con el contramaestre, a cargar la lancha de piedra; la otra mitad de la tripulación la dediqué a tomar rizos en las gavias.

Por la mañana del día siguiente llevé a bordo tres veces la ballenera con lastre y, como aún no había suficiente, ordené hacer un viaje más.

A las dos de la tarde el viento iba en aumento, el barómetro seguía bajando y comenzó a cerrar el cielo en aguas.

Cuando llegó la ballenera mandé descargarla y, con los dos aparejos y los dos cabrestantes, se montó la barca sobre la cubierta, se levó el ancla y, acto continuo, nos hicimos a la vela.

Mi idea era, si se declaraba el tifón, tomar el

puerto de Mariveles y, si no, retroceder hacia la
bahía de Manila, fondear con las tres anclas,
amarrar en los palos los extremos de la cadena
y, en último término, cortar los palos y quedar-
nos convertidos en tripulantes de una balsa o de
una boya.

No sucedieron así las cosas; al salir del socaire
de la isla del Corregidor, el viento, una ráfaga
de huracán, terrible, me tumbó el buque, deján-
dolo acostado por la amura de babor; me llevó el
foque y la redonda y me quedé en una triste situación, cerca de las peñas, a no mucha distancia de Pulo Caballo.

No podía entrar en la bahía de Manila por
las malas condiciones marineras del barco; el único recurso posible era hacerme a la mar, fran-
quear la costa y probar la suerte, pues con viento
Este o Nordeste podía salir de franquía.

Desde luego mandé enderezar el rumbo al Occidente. Al hallarme en el meridiano de la Punta
Capones, el baguio era horroroso; el mar estaba
blanco y brillaba como si tuviera dentro fuego.
El sol aparecía pálido, y se veían trozos de cielo
azul entre nubes negras y desgarradas.

Seguía bajando más el barómetro, las gavio-
tas daban unos gritos espantosos, el mar se llenaba de espuma, las olas parecían montes.

Una de las ráfagas del huracán me llevó todas
las velas; a las diez de la noche cambió el viento,
con tal fuerza y tal rapidez, que se rompieron dos
masteleros de gavia y se cayeron inmediatamente.

En el barco la situación era lamentable, los marineros no me oían con el ruido del temporal y de los truenos. Las dos mujeres lloraban, y los pasajeros se lamentaban de su suerte y decían a cada paso: ¡Estamos perdidos, Dios mío. Estamos perdidos! Parte de la tripulación se había reunido a proa, parte estaba metida en la bodega, rezando el rosario.

Los golpes de mar sobre el buque, cada vez mayores, retumbaban como cañonazos; para final, los marineros todos se escondieron en la bodega del barco y la cerraron; yo bajé a la cámara, encendí un farol, rompí con un hacha tres tablas del mamparo de la bodega y, por aquel boquete, con la bocina en la mano, grité:

—¡Muchachos! Para salvar nuestra vida no nos queda más que un camino: cortar los dos palos gruesos, preparar las anclas y cadenas y, al aproximarnos a la costa, largar las anclas; es el único medio de salvar nuestras vidas. Así, muchachos, ¡todos sobre cubierta!

Los marineros me contestaron:

—¡Siempre morir, señor capitango; mejor morir dentro barco!

Esta contestación me puso furioso; cogí el farol en la mano izquierda y un sable en la derecha y fui a la bodega, dispuesto a matarlos o a sacarlos de allí; pero nadie era capaz de coger aquellos marineros, ágiles como ratones. Se escondían entre la carga y no había manera de cazarlos. Empecé a linternazos con ellos, a derecha e izquierda, hasta cansarme; pero fue inútil.

Yo no sé lo que tiene el hombre blanco con relación a los indios, mestizos, mulatos, negros y otra gente de color; es un instinto de vivir, un resorte tenso que no cede nunca. Parece que tiene la sangre más ardiente. Esas gentes se resignan a morir; pero el blanco, en general, no se resigna y lucha contra la adversidad con una energía formidable, y, a veces, la vence.

Aburrido de dar sablazos, y viendo que no podía conseguir nada, volví sobre cubierta y me quedé oyendo los bramidos del viento y los golpes del mar. Aquel clamor iba haciéndose cada vez más fuerte, más terrible, y todas las fraguas del mundo parecían resonar con sus martillos en mis oídos.

La tempestad, tan pronto aullaba como silbaba, las olas llegaban de todas partes, el mar tomaba un aire de confusión y de espanto.

SITUACION DESESPERADA

El baguío es el nombre del tifón en Filipinas.
Estos baguíos son ciclones, huracanes de vientos
convergentes, cuya velocidad crece de la perife-
ria al centro. El tifón forma un verdadero em-
budo en el mar. Dicen que los chinos conciben el
tifón como una bruja; la bruja Tifón, que corre
por el cielo y va pariendo torbellinos de fuego.

El mar iba echando el barco a la costa; no podía yo solo preparar las anclas y las cadenas.
A eso de las dos de la madrugada distinguí por
sotavento grandes rompientes del mar, y dije:
Aquí viene el final.

No pasaron cinco minutos cuando el casco dio
un tremendo golpe entre los escollos. A este estrépito de derrumbamiento los marineros filipinos
salieron a cubierta, subieron al palo y a la jarcia del trinquete, y comenzaron de nuevo a rezar
el rosario.

A las dos pasajeras las amarré yo en cada ar-
golla con un cordel a la cintura, al socaire del
castillo de popa, para que no se las llevara algún

golpe de mar. El pasajero Cobos él mismo me hizo señas para que lo amarrara sobre la cámara alta, y lo até también por la cintura.

A los pasajeros mestizos les llamé:

—¡Eh, aquí! Al palo mayor.

No me hicieron caso y se ocuparon principalmente en guardar el dinero en el cinturón.

La noche estaba terrible y angustiosa; el mar brillaba en las tinieblas, lleno de espumas fosforescentes, y se veían a veces en el cielo las estrellas, que se ocultaban al momento entre jirones de nubes negras.

Yo, por el peligro de que me arrastrase algún golpe de mar, me quité toda la ropa, quedándome con unos calzones blancos y una camisa, y me até bien al palo. Las olas subían más altas que la cofa donde yo me había quedado. Pensé muchas veces morir de frío.

El mar nos había echado hacia la Restinga; estábamos varados en unos arrecifes de piedra, enfrente de una pequeña isla llamada del Diablo, distante entonces del buque unas dos millas.

Entre la isla y el sitio donde se hallaba el barco se levantaba una peña, negra, como un gran cetáceo.

La noche fue eterna, larga como una vida. Comenzó la mañana, de feo cariz, con furioso viento al Oeste y una lluvia copiosísima.

Se veía muy a corta distancia. El oleaje seguía tremendo.

A eso de las nueve de la mañana se desfondó la cámara y cayó la escalera. Yo estuve desde el palo mayor mirando cómo se ahogaban unos cuantos pasajeros en el agua, que llenaba la bodega.

A las dos de la tarde un fuerte golpe de mar arrojó al buque desfondado hacia los arrecifes, cerca de la peña negra, como un cetáceo enorme.

Bajaron los marineros del palo en donde se habían refugiado y comenzaron a formar una balsa.

—¡Esperad! No salir ahora del buque. Es peor —les grité yo.

Ellos, sin hacerme caso, botaron la balsa al mar; se embarcaron doce en ella y quedaron los demás a bordo, esperando que pudiera volver para marcharse ellos a su vez.

En cuanto se largaron del costado del buque, unos cuantos golpes de mar deshicieron la balsa, y mis doce marineros se hundieron entre las olas. Uno de ellos anduvo flotando, de un lado a otro, hasta que se lo tragó el mar.

Al anochecer cayó a la banda el palo trinquete, y siete marineros que quedaban y los pasajeros, éstos cargados de oro, formaron otra balsa, cortando el palo en dos pedazos, uniéndolos con tablas y barriles, y salieron a probar fortuna. Inmediatamente los arrolló el mar, y a los pocos momentos desaparecieron.

El muchacho de cámara, Roque, se quedó en el barco. Roque no me quería abandonar; se pasó a mis pies, amarrado a la jarcia, llorando y muerto de frío, sin comer en aquellos días larguísimos. Yo estuve todo el día y toda la noche en el palo mayor, sujeto, recibiendo los golpes del mar sobre mi cabeza, como si fuera una roca.

Muchas veces me parecía que mi cuerpo tenía

escamas como los peces, y mi piel daba una impresión fría y resbaladiza como la de las anguilas.

Gracias a que estaba amarrado fuertemente no me llevaron las olas.

Durante aquella noche tuve sueños horribles, que me duraban unos minutos.

Muchas veces, llevado por la debilidad y por el dolor, quería soltarme y acabar de una vez; pero al ir a desatarme me decía a sí mismo:

—¡No, no; hay que resistir hasta el final! No hay que ceder un momento.

El tercer día las dos pasajeras tagalas amanecieron muertas. Sin duda, no pudieron resistir la fatiga y el miedo.

El palo mayor principió a crujir a media mañana como si fuera a caerse.

Nos desatamos Roque, el muchacho de cámara, y yo, para que no nos arrastrase en su caída; bajamos a cubierta, llegamos a proa, al bauprés, y pensamos en cortarlo y en ver de llegar a tierra sobre este palo.

Antes de intentarlo quise despedirme del pasajero Cobos, que estaba amarrado a popa, en la cámara alta.

Tardé mucho tiempo en llegar; fui arrastrándome, agarrándome a las cuerdas y a las anillas, hasta que me acerqué a él. No me conoció. Entonces le grité al oído:

—Cobos, ¿tienes ánimos para llegar al bauprés y pasar sobre un tablón a tierra?

Cobos me contestó con la cabeza que no. Le

volví a hacer la pregunta, y con una voz que apenas se oía, dijo:

—Inútil. Es mejor morir.

—¿Sabes nadar?

El volvió a contestarme que no.

—Entonces, Cobos, hasta la eternidad.

El lanzó un gemido, y yo, a gatas, desollándome las manos, volví hacia la proa. En el camino tropecé con una caja con unas botellas de ron. Cogí una y llegué con ella al bauprés. De un golpe le rompí el cuello y bebí un trago. Le di a Roque para que bebiera también; pero no le permití que bebiera mucho, y cogiendo la botella la tiré al agua. Animados por el alcohol, Roque y yo cortamos el bauprés y lo separamos del cordaje y lo bajamos al mar. Luego atamos una cuerda, hice que el muchacho se deslizara hasta quedar sobre el madero, y tras él fui yo.

Los dos nos colocamos a caballo sobre el bauprés, y cuando pasaron los tres golpes de mar de ordenanza, le dije al chico:

—Ahora, a bogar con pies y manos hasta salir de las rompientes.

Fuimos acercándonos a la isla, hasta una distancia de un tiro de fusil. En esto, oscureció. Yo me iba cansando; se me agotaba la fuerza y pasaba la excitación del alcohol, pero me quedaba aún la energía desesperada.

Debíamos de estar ya a muy poca profundidad; quizá podríamos encontrar el fondo con los pies.

Nos faltaban solamente unas varas para llegar a tierra.

En una de éstas, nuestro bauprés pegó en una peña con la punta; un fuerte golpe de mar nos

arrolló; el muchacho desapareció de mi vista; yo
fui arrastrado por la resaca, tragando agua salada. y después llevado por una ola. En esto me
di un golpe contra una roca y perdí el sentido.

Cuando pasó un rato abrí los ojos y me encontré sobre un bancal de arena; me chorreaba el
agua salada por las narices y por la boca. Estaba
tan cansado, que tenía el cuerpo como si fuera de
plomo.

Encima veía el cielo lleno de estrellas. Algunos
nubarrones pasaban rápidamente. Yo sentía que
el mar me bañaba por la espalda.

Entonces, con un esfuerzo supremo, subí, a gatas, a lo más alto de la isla, y cuando ya no pude
más, me tiré al suelo. Debía hallarme en seguridad en medio de la isla. Las hierbas me cubrían
por completo. En aquella posición me quedé
dormido.

III

EL DIA SIGUIENTE

Al día siguiente por la mañana me desperté metido en el lodo hasta la cintura; me esforcé en comprender dónde me encontraba. Se despejó mi imaginación. Experimenté un hambre intensa, arranqué algunas hierbas y las masqué para tener algo en el estómago.

Luego, haciendo ánimos, me levanté. Eché a andar por la isla, entre hierbas y zarzales. La maleza me arañaba el cuerpo y los pies.

En esto, di un resbalón y fui rodando a la playa de arena; pero no podía andar por ella: la arena se me metía por entre las heridas de los pies y me hacía mucho daño.

Sin embargo, me decidí a seguir; anduve unos doscientos pasos, cuando divisé a lo lejos un hombre. Era Roque, el muchacho de cámara. Al verme echó a correr hacia mí y me abrazó llorando.

—Capitango, no más vivos aquí isla; los dos no más —me dijo.

—¿Qué te sucedió, muchacho, para abandonar a tu capitán? —le pregunté yo.

—No saber, señor; yo perder la cabeza. El mar echar a la isla; yo dormir en la hierba; caminar mucho en la isla y no hallar a nadie.

Al parecer, la misma suerte tuvimos los dos; es decir, el primer golpe de mar le arrojó a él a tierra, y el tercero o cuarto, me arrojó a mí. Las olas nos levantaron a seis u ocho varas de alto; yo di en el aire una vuelta de campana, caí boca abajo y después perdí el conocimiento.

El muchacho Roque se espantaba pensando si la isla donde estábamos sería una isla desierta.

—No te asustes —le dije yo—. No tendremos que comernos uno a otro. La costa debe estar muy cerca. En cuanto mejore llegaremos a tierra firme.

—Y si no mejora, ¿cómo vamos a comer?

—No hay miedo, algún alimento encontraremos, y si no, yo, como más viejo, me dejaré comer.

Nos decidimos a seguir adelante para explorar todo el islote; a mí me dolían mucho los pies.

Roque recogió en la playa unos trapos y me los amarró en los pies, y con estas extremidades como patas de oso o de elefante puede caminar.

Ya con facilidad de andar, seguimos por la playa, mirando con cuidado a ver si hallábamos indicios de habitación o algún marisco o fruta. El hambre me hacía desfallecer.

A los quinientos pasos de allí encontramos una choza de cañas y de nipa, muy estrecha. Dentro de la choza había unos trozos pequeños de pescado ahumado. Los comimos con avidez, pero esto nos sirvió únicamente para darnos más hambre.

—Usted quedarse aquí —me dijo Roque—. Yo dar vuelta a la isla.

—Bueno.

Me senté con la espalda apoyada en la pared de la choza. No quise entrar dentro porque olía muy mal.

A la hora, o cosa así, se presentó el muchacho de cámara, y me dijo:

—He visto un hombre en la playa.

—¿Le has hablado?

—Yo no atreverme. Venga usted conmigo, capitango.

—¿Está lejos?

—No.

Marchamos Roque y yo a un extremo de la isla, y el muchacho me mostró a un hombre; fuimos a su encuentro; era un indio pescador; había ido al islote a refugiarse del temporal. El indio cazaba peces con un arco y una flecha. No hablaba una sola palabra de castellano, sino únicamente el tagalo. Llevaba al cinto un gran machete.

Mi muchacho, Roque, me sirvió de intérprete. Le pregunté dónde tenía su choza y su canoa y si quería llevarnos a tierra.

La choza era donde habíamos estado nosotros. La canoa la tenía metida en el arenal, hundida en la arena para que no se la llevara el viento. Desde la isla a tierra firme habría una lengua larga. En medio de la lluvia veíamos la costa baja, apenas señalada. A la pregunta de si nos llevaría a tierra, contestó que sí, si le dábamos una onza de oro. Yo le dije a mi muchacho:

—Dile que somos náufragos, que nos hemos quedado sin dinero; que le pagaremos en otra ocasión, cuando lleguemos a Manila; porque ahora no es posible.

El indio no se convencía. Entonces yo, furioso, le arranqué de la cintura el machete o campilán y la flecha, y le dije:

—Si no nos llevas a tierra ahora mismo, te corto la cabeza.

Ante un argumento así, el indio cedió y se convenció. Entre los tres sacamos la canoa de la arena, la botamos al agua y nos embarcamos el indio, Roque y yo. Ellos remarían con sus canaletes y yo iría gobernando y quitando el agua.

El baguío estaba terminando; la monzón del Sudoeste seguía aún, las olas eran enormes, pero manejables. A eso de las once de la mañana salimos, y en dos horas llegamos a tierra.

Cuando varó la canoa en la playa, se acercó una porción de gente, nos rodearon todos, y una tagala me echó una capa al hombro y me dijo:

—Ven a mi choza. Ven tú también —le dijo a Roque.

Fuimos Roque y yo a su casa; nos acercamos al fuego y nos dio a cada uno una camisa, ropa seca, sandalias y sombrero.

—¿Tenéis hambre? —nos preguntó.

—¡Oh! Estamos desfallecidos.

La buena india puso a cocer un pollo en agua.

Yo no tuve paciencia para esperar que el pollo se cociera por completo, y pedí dos tazas grandes y repartí el caldo con Roque. Cuando tomé el primer sorbo se me cayó el pellejo de la boca, quedándoseme la lengua y las encías en carne viva; concluimos nuestro caldo y en seguida partí el pollo por la mitad. Entre el muchacho y yo lo devoramos hasta los huesos, y nos entró tanta hambre, que supliqué a la india que nos diera algo de la morisqueta, con pescado cocido, que tenía en la cocina de la choza. Nos la trajo, y nos dimos un gran atracón de arroz y de pescado.

En mi vida pienso comer nada con tanto gusto. En seguida nos echamos a dormir, y dormimos hasta el día siguiente por la mañana; más de veinte horas seguidas.

Aquella era una playa de pescadores. Los indígenas de allí tenían fama de contrabandistas y de bandidos; pero para mí fueron muy hospitalarios.

Al día siguiente, al despertar, nos dijo la india que el barco nuestro no estaba desmantelado por completo; pero esto es lo que parecía desde lejos. Nos dieron de almorzar gallina con arroz, muy abundante, y nos advirtieron que los pescadores habían dispuesto conducirnos en una lancha al pueblo de Marigondón. Toda la aldea nos acompañó a la playa, nos saludaron y nos dieron comida para el viaje.

IV

EL PROCESO DEL NAUFRAGIO

Al anochecer llegamos a Marigondón, y nos presentamos en casa del gobernador, donde nos dieron de cenar y una muda de ropa. Se hizo el atestado del naufragio, y al día siguiente Roque y yo, montados a caballo y dirigidos por dos indios prácticos, nos pusimos camino de Cavite. De Marigondón a Cavite se calculan unas ocho leguas; pero como había que marchar entre maleza y matorrales, tardamos diez horas.

Al oscurecer llegué a Manila y fui a parar a mi casa de huéspedes; llamé al médico, y en una semana me puse bueno; luego hubo que presentarse a declarar a la Comandancia de Marina, acerca del naufragio del buque y de sus causas.

A los ocho o nueve días de mi declaración tuve un disgusto grave: Roque, el muchacho de cámara, salvado en mi compañía, declaró ante el auditor que yo había matado a un marinero filipino de un sablazo.

Unas semanas después me mandaron una citación, y vino un alguacil, de noche, a mi casa.

—¿Qué ocurre? —le pregunté.

—Tengo orden de llevarle preso a la cárcel de Binondo.

—Bueno.

Fuimos en coche; llegamos a la cárcel, y me entregó a un sargento. Este me condujo a una crujía oscura, en donde había tres españoles, dos filipinos y un mulato, sujetos con cadenas, y al parecer condenados a la pena de muerte. Uno de los españoles me preguntó:

—¿Por qué le traen a usted aquí, caballero?

—Yo soy un capitán de barco que ha naufragado en estas condiciones.

Y les conté lo que había ocurrido.

—Es una injusticia lo que han hecho con usted —me dijeron todos—, y debe usted de protestar y de reclamar.

Uno de aquellos hombres había sido contramaestre en un barco raquero, de dos hermanos españoles, piratas, que, fingiéndose malayos para despistar, desvalijaron una porción de juncos chinos en el canal de la isla Formosa.

Aquel hombre se lamentaba de la muerte de los dos hermanos; de vivir ellos, con su influencia y su dinero, le hubieran salvado.

Dentro de ser un criminal, este hombre sincero, no pretendía justificarse; pensaba que merecía la horca; pero pensaba también que de poder emplear influencias, se podía salvar.

Cuando se iluminó por la luz del día aquella cuadra, reconocí al hombre. Era el Tenebroso. El no sé si me conoció. No le dije nada; escribí varias cartas, una de ellas a la señora de Heredia y otra al padre Martín. Al día siguiente me pusieron en libertad.

La cosa no había terminado: tenía que seguir el juicio en el Consejo de guerra. Entre mis amigos marinos se hablaba de la causa del naufragio de La Sampaguita. Los marinos mercantes conocían las condiciones en que yo salí a navegar y me defendían. Decían que los marinos de guerra de todas las naciones habían hecho naufragar barcos mejores y en condiciones mucho más favorables. La señora de Heredia me recomendó con interés a sus amigos; pero yo no me atrevía a presentarme en su casa.

Estaba un tanto achicado con las noticias que corrían sobre mi suerte.

Se acercó la época del juicio oral, que tuvo entre los marinos mucha resonancia. El auditor de mi causa, hombre elocuente, de palabra florida, que exageraba los conceptos y le gustaban los efectismos de la retórica, me calificó en su escrito de homicida, y pidió para mí varios años de presidio y una indemnización pecuniaria para la familia de la supuesta víctima.

Me interrogaron, y yo conté, un poco a trancas y a barrancas, lo ocurrido. Mis afirmaciones fueron rotundas: el barco era muy malo; sin ninguna condición marinera, nadie hubiese sido capaz de salvarlo con un tifón; mi culpa había sido hacer caso al armador, que me obligó a salir de la bahía con aquel buque inútil y defectuoso.

En vez de defenderme ataqué al armador, lo que probablemente no fue muy hábil.

Después le interrogaron a Roque. El muchacho de cámara, azorado con mi presencia, no supo qué decir; aseguró que vio a uno de los marineros herido de un sablazo que yo le di en el suelo, pero no puro ver si quedó vivo o muerto; si se lo llevó el agua, o qué le pasó.

Mi abogado, marino de guerra, llevaba en un papel escrita mi defensa, y no intervino en los diálogos. Parecía hombre apático e indiferente. Yo veía mi causa mal.

Después de nuestros interrogatorios hizo su discurso el fiscal, como he dicho, auditor de Marina, que, probablemente, no había pisado nunca un barco, y me pintó como un desalmado, marino inhábil, que todo quería arreglarlo a trastazos. Aludió a la violencia, a la terquedad y al poco patriotismo de los vascos, y pidió al fiscal un veredicto de culpabilidad.

Concluyó su discurso el fiscal y comenzó mi defensor a leer su informe con una voz monótona y pesada; nadie le escuchaba ni seguía su razonamiento. No se aprovechó de ningún detalle en mi favor. Mis compañeros los capitanes daban la causa como perdida, y el fiscal sonreía.

Acabó el defensor, y en esto, en medio del público, veo con sorpresa que se levanta Chimista y pide permiso al Tribunal para hacer unas aclaraciones; el presidente le concedió la palabra, y Chimista comenzó a hablar. Se expresaba con una claridad, con una pureza, que todo el mundo quedó en silencio para oírle mejor. Su tipo atraía. Aquel perfil de medalla, la cara sonrosada, los ojos azules, el pelo blanco y el traje negro le daban un aire de un verdadero señor.

Nada de exageraciones: la palabra suya era justa; los ademanes, muy sobrios. No quería hacer grandes efectos. Al poco tiempo de comenzar su explicación se dio claramente cuenta el público de que toda la argumentación del fiscal se venía abajo.

—¡Bien, muy bien! —dijeron en el público.

—¡Silencio! —exclamó el presidente.

Chimista habló de mi vida de piloto y de capitán; trabajando siempre, sin fortuna y sin suerte.

Explicó cómo había tenido que tomar el mando de un barco malo, sin condiciones marineras, y cómo después tuve que salir de la bahía de Manila, en los preludios de un tifón, por las exigencias y la avaricia del armador. Ya fuera de la Boca Chica, y en medio de los horrores de las tempestad, quise salvar el barco, a los pasajeros y a la marinería, haciendo un esfuerzo desesperado, lo único que se puede hacer en casos semejantes.

«El capitán Embil —dijo— no iba a cruzarse de brazos, y ante la apatía de los indios, intentó convencerles, y al no conseguirlo, comenzó a darles sablazos de plano, para obligarles a salir de la bodega, y a tener energía, aunque fuese una energía desesperada. No pudo dominar a su gente, cierto; no fue suya la culpa.

El luchó hasta el final; no se le puede reprochar nada. Tampoco se puede tacharle de impericia. Su carrera de marino demuestra que es uno de los más aptos capitanes mercantes; otros marinos, con barcos mejores y en circunstancias más favorables, han naufragado.»

Después, Chimista recogió la alusión embozada hecha por el fiscal sobre la barbarie de los capitanes vascos, y puso muchos ejemplos de su fidelidad y de su valor; habló de don José Manuel Goicoa, que, perseguido por los ingleses, hizo saltar la santabárbara del buque; de don Ignacio Mendizábal, quien acosado por triples fuerzas del almirante Rodney, siguió el mismo procedimiento; de Tomás de Larraspuru, que en las Antillas limpió el mar Caribe de contrabandistas ingleses, franceses y holandeses, y volvió a Cádiz con treinta y dos velas y un tesoro de cerca de trece millones en barras de oro y de plata.

Al último se refirió a Ignacio Embil, hijo de Cestona, que dijo que era antecesor mío, quien, a fines del siglo XVII, mandaba el galeón San Ignacio, de la escuadra del marqués del Vado del Maestre, y que iba de las Indias a España. Embil protegía a otros barcos que venían de conserva; los demás barcos, perseguidos por las tempestades y por las marinas extranjeras, buscaron la salvación como pudieron. Embil no se apartó de las embarcaciones que custodiaba, y pudo salvar setecientos setenta hombres, seis mujeres y una gran parte del tesoro, llegando a Cádiz con todo ello. Su majestad el rey le premió con el buque de más porte de la flota de Nueva España y con un hábito de las Ordenes militares para uno de sus hijos. Después citó otros muchos casos. No había, pues, en los marinos vascos la rebeldía, la brutalidad, la inhumanidad, ni mucho menos el poco patriotismo de que había hablado el fiscal.

—Ahora —terminó diciendo—, si es que los representantes del Gobierno español quieren colaborar en el desprestigio y en la mala opinión que se puede tener en el extranjero de algunas regiones de España, entonces no digo nada.

—¡Bien, muy bien! —exclamaron en el público.

—¡Silencio, señores! —volvió a decir el presidente.

Chimista, según me dijo después, alargó su discurso para que el fiscal no pudiera contestarle en seguida, haciendo alarde de patriotismo, y cuando éste comenzó a rectificar, ya la gente estaba cansada.

Al terminar el discurso Chimista, el presidente del Tribunal le saludó. Cuando el fiscal tomó de nuevo la palabra para rectificar, ya nadie le escuchó. Al poco rato, el Tribunal fue a deliberar; volvió después a presentarse, y el presidente dijo que me condenaba a quince días de suspensión de mando.

Cuando se me acercó Chimista le abracé con entusiasmo.

—¡Bravo, Chim! —le dije conmovido.

Todos los capitanes que había allí, muchos vascongados, fueron a darle la mano y a felicitarle.

—Estabas achicado —me dijo Chimista.

—Sí, es verdad; veía esto muy mal. Gracias a ti me he salvado.

En casa de la señora de Heredia se me recibió casi en palmas, y Matilde me defendió con energía; dijo que lo que había hecho era lo único que se podía hacer con gentes de raza inferior, apáticos, insensibles a todo lo que no fuera el látigo o el palo.

V

EL FINAL DEL DOCTOR MACKRA

Después de que pasé aquellos malos días, volví a tomar a mi cargo un barco. Un comerciante andaluz, de Manila, compró un bergantín, al que llamó Hércules. Yo acepté el mando. Doña Matilde y los señores de la reunión me decían:

—¿Pero don Ignacio, cómo tiene usted valor de volver a embarcar, después de que se escapó usted por milagro del último naufragio?

—Amigos míos —les decía yo—, son gajes del oficio. Ya es tarde para entrar de fraile, el oficio nuevo es la ruina del hombre y el buen artillero ha de morir al pie del cañón.

Doña Matilde me dijo que debía buscar otra cosa para vivir. Pero, ¿qué iba a buscar yo? Fuera de ser marino, ¿para qué podía servir?

En el Hércules hice varios viajes a la China y a las Filipinas. En uno de estos últimos viajes fui a Albay con Chimista. Chimista me dijo:

—Ya después de este viaje, me retiro. Se va haciendo uno viejo.

En el barco me preguntó si yo tenía algún di-

nero y si quería que me lo manejara él. Le dije
que sí y le entregué diez mil duros.

Pensé que quizá lo necesitara para sus asuntos; estaba dispuesto a darle todo lo que yo tuviera.

Estábamos en una aldea de Albay, cuando se
presentó un indio preguntando si llevábamos en
el barco algún médico.

—¿Quién es el enfermo? —preguntó Chimista.

—Es un señor extranjero —contestó el indio.

Chimista se enteró de qué le pasaba al enfermo
y de los síntomas que presentaba.

—Debe ser hombre muy gastado —dijo.

A mí se me puso en la cabeza que el enfermo
era el doctor Mackra, pero no dije nada, para no
pasar por suspicaz.

—¿Vas a ir? —le pregunté a Chimista.

—Ya veré.

Chimista tuvo una larga conversación con el
indio y decidió marchar a la finca.

—¿Quieres venir? —me preguntó.

—Donde tú vayas, voy —le dije.

Fuimos Tricu, Chimista y yo. Montamos a caballo y subimos hasta la falda del monte. La casa
del extranjero estaba en un sitio muy ameno,
con jardín, rodeada de árboles. Era una casa muy
cómoda. Pasamos, y Tricu y yo nos quedamos a
la puerta de la casa.

No habían transcurrido tres minutos cuando
se presentó una vieja india, escuálida, macilenta,
que nos preguntó en inglés:

—¿Ha venido con ustedes el médico?

—Sí.

Inmediatamente me vino la idea, mejor dicho, el convencimiento de que allí estaba el doctor Mackra.

—¿Conoces tú a esa vieja? —le pregunté a Tricu.

—¡Yo! ¿Cómo la voy a conocer?

—¿No será la india que viste en Cuba en el ingenio del doctor Mackra?

—Puede ser... puede ser... sí... se parece.

—Sígueme —le dije a Tricu—; Chimista está en peligro.

Marchamos los dos corriendo detrás de la vieja; entramos en la casa. Al llegar delante de una puerta cerrada oímos gritos ahogados, la empujamos, pasamos adentro atropellando al criado, y vimos a Chimista y al doctor Mackra, porque era él, luchando a brazo partido en el suelo.

Tricu y yo avanzamos en el cuarto. El doctor y Chimista, agarrados, forcejeaban. En esto apareció un hombre con un turbante, con una flecha en la mano; yo no vacilé, y, apuntándole con el revólver, le pegué un tiro. El hombre quiso arrojarme la flecha, Tricu sacó su revólver, le disparó por segunda vez y le hizo caer al suelo bañado en sangre.

La vieja india había ido a defender a su amo; pero Tricu se había puesto en el camino. La vieja daba grandes alaridos.

En tanto, el doctor y Chimista luchaban abrazados. Yo esperé un momento con el revólver en la mano por si aparecía alguien, y luego me acerqué a Chimista. Este se soltó del doctor y lo dejó en tierra. Lo había estrangulado. Como se agitaba violentamente, Tricu se acercó, le puso la pistola en la sien y le abrió la tapa de los sesos.

—¡Tenía vida este miserable! —dijo Chimista.

La vieja, con un puñal en la mano, se echó sobre mí, yo la sujeté y la tenía en el suelo con la rodilla en el pecho.

—Bueno. Déjala —dijo Chimista.

—¡Qué dejarla! —exclamó Tricu, y con una cuerda que sacó del bolsillo la ató los brazos y los pies.

La vieja, al ver a su amo muerto, comenzó a dar unos terribles alaridos de desesperación.

Chimista, tranquilamente, examinó el cuarto y se acercó al indio a quien Tricu y yo habíamos matado.

Examinó la flecha que tenía en la mano, y dijo:

—Está, seguramente, envenenada.

Después Chimista se asomó a la ventana. Nadie llegaba a la casa y decidimos volver al barco. Al salir al campo, Chimista respiró a pleno pulmón, y gritó:

—¡Eclair! ¡Eclair! ¡Adelante! ¡Adelante! ¡Hurra!

Y Tricu y yo unimos nuestras voces a las suyas.

Al llegar al barco le pregunté a Chimista:

—¿Qué ha pasado? ¿Cómo ha empezado la lucha?

—Pues nada, entré allí y vi al enfermo tendido en un diván, envuelto en una túnica y con anteojos negros. Al principio no me conoció ni yo a él. Comencé a interrogarle y de pronto se irguió y me echó las manos al cuello, luchamos y entonces entrasteis vosotros con tanta oportunidad.

—¿Querrás creer que yo sospechaba que sería el doctor Mackra?

—Una corazonada.

—Sí. Al ver a la vieja me convencí y pasé adelante arrastrándole a Tricu.

—Tiene uno suerte; si tardas un poco más no lo cuento, porque el indio del turbante traía malas intenciones.

—Es la buena estrella.

Chimista dijo, como siempre, su frase en vascuence:

—Curagia ona izutzendu ventura gaiztoa. (El buen valor asusta a la mala suerte.)

Al hacernos a la vela Tricu volvió a lanzar el grito de guerra:

—¡Eclair! ¡Eclair! ¡Adelante! ¡Adelante! ¡Hurra!

—Tricu —dijo Chimista—. De hoy en adelante estamos retirados.

—¿Por qué?

—Nuestro tiempo ha pasado. Ya quedan suprimidos los gritos subversivos.

VI

DESPEDIDA

Chimista y Dolly vinieron días después a mi casa a despedirse de mí, cenamos juntos y nuestra cena fue un poco melancólica.

Hablamos mucho de cosas antiguas y Chimista me dijo:

—Ya somos dos viejecitos, Embil. ¡Quién lo había de pensar!

—Tú creiste, sin duda, que siempre habías de ser joven. Yo, no.

—Usted es menos soberbio que mi marido —dijo Dolly.

—¿Tú crees que yo soy soberbio? —preguntó Chimista.

—Mucho, insoportablemente soberbio.

Nos echamos a reir. Los dos me hicieron prometer que cuando volviera a España iría a Inglaterra a pasar una temporada con ellos.

Tiempo después conocí en la tertulia de Matilde Heredia a un tal Etchepare, vasco francés realista que había salido de Francia durante la Re-

volución y pasado su larga vida trabajando en
el arsenal de Cavite. Este Etchepare, descendiente de un capitán del mismo nombre que fue muerto por los Natchez en el siglo XVIII en América
del Norte, había construido en Cavite una casa
llamada Tierra Alta, donde vivía con sus hijos
y sus nietos.

Etchepare me habló de Chimista. Uno de sus
hijos, al volver de Inglaterra, había sabido noticias suyas. Al parecer, encontrándose Chimista
en Exeter, unos señores le habían invitado a entrar en un coche. Como el viaje se hacía largo,
Chimista protestó y dijo que le esperaba su mujer; pero los del coche le advirtieron que encon-
traría a su mujer y que no se preocupase. Llegaron
a una casa de un notario, donde, efectivamente,
se hallaba Dolly, y el notario leyó a Chimista un
testamento del difunto sir Frederic Temple, en el
cual nombraba a Chimista su hijo adoptivo y lo
instituía como heredero, a condición de que usase
desde entonces el nombre de Frederic Temple.

Al conocer la historia, Matilde aseguró que se
conocía en Chimista el aristócrata. Yo dije: Nada
extraordinario me chocaría en Chimista; en su
vida todo es peregrino y distinto al común de los
mortales.

VII

ENCUENTRO RARO EN LONDRES

Decidido poco después a volver a España, me despedí de mis amistades y tomé pasaje en la fragata Isla de Luzón. En el mismo día y a la misma hora salieron para Cádiz otras tres, la Reina de los Angeles, la Gertrudis y El Asia Feliz. En el viaje se murieron en nuestro barco algunos oficiales. Nos costó mucho trabajo remontar el Cabo de Buena Esperanza, porque había fuertes vientos.

Dio la casualidad de que ninguna de las cuatro fragatas salidas de Manila en el mismo día nos vimos en la ruta y, sin embargo, las cuatro entraron en el mismo momento en Cádiz.

Desde aquí marché a Elguea, y en el pueblo comenzaron a querer explotarme; mi madre y mi tío me dijeron que tenía que pagar una hipoteca de la casa; luego, que debía comprar unos quechemarines de cabotaje; después, que lo mejor sería que me quedara con unos caseríos.

Mi madre comenzó a marearme con reflexiones y consideraciones, queriéndome convencer de que no debía tener en la vida más plan que el de contentar a la gente de Elguea.

—Lo que piensen de mí los de Elguea me tiene sin cuidado —le decía yo—. No me preocupa más su opinión que la que puedan tener sobre mí los habitantes de las islas Chinchas.

En esto, recibí la noticia de Cuba de que había muerto mi mujer; y entonces mi madre se empeñó en que tenía que casarme con una conocida suya. Pensaba, sin duda, que si me marchaba sin casarme me quedaría en algún país lejano. Estaba restablecido de mis enfermedades y ya un poco aburrido, y decidí marcharme a Bilbao, y de Bilbao, con un capitán amigo, me fui a Londres.

Pensaba darle una sorpresa a Chimista.

En Londres fui a vivir a un pequeño hotel, próximo al Museo Británico; quería orientarme y conocer la ciudad.

Cuando ya llevaba unos días, dejé el hotel y me fui a vivir a una casa de huéspedes de Bloomsbury.

Estaría en esta casa de huéspedes un par de meses.

Londres me gustaba. Me parecía, entre las grandes ciudades de Europa, la que tenía un aire más marinero. Seguía sin avisarle nada a Chimista.

Quería sorprenderle a él y a Dolly con mis conocimientos londinenses y mis progresos en inglés.

Mi único amigo en Londres era un alemán, Essen, medio espía, que hacía mapas y planos para el Gobierno inglés.

El los dibujaba y los grababa.

Este alemán había viajado por todo el mundo, y allí por donde iba hacía sus mapas, exponiéndose a ser preso o fusilado. Era un hombre muy interesante y muy inteligente, y como yo lo único que sé un poco, además del pilotaje, es de geografía, hablaba con él. Me pidió datos de las orillas del Congo y de la isla de Mindanao, datos que quizá aprovechó después en algunos de sus mapas.

Este hombre me llevó a conocer los sitios típicos de Londres; cenamos una noche en la antigua hostería de Cheshire Cheese, y tomamos café y una copa en Georges and Vulture.

Yo le molestaba poco al dibujante geógrafo. Hacía mis excursiones solo. Unos días iba a Hyde Park a ver los coches, las damas elegantes, los jinetes en sus caballos, los zapadores, que volvían de la guardia del palacio real de Buckingham, con sus gorros y su acompañamiento de gaita. Escuchaba a los oradores callejeros, aunque apenas les entendía.

Otras veces iba a Whitechapel, que entonces era un verdadero *ghetto* lleno de harapos, de judíos legañosos, de judías gordas, morenas y rojas, que daban la nota de la sordidez al lado de los ingleses, que daban la nota de la embriaguez.

Contemplaba estos almacenes del barrio de géneros de saldos; pirámides de botas, de sombreros, de impermeables, montones de polainas, de abrigos y de chales. Veía a los judíos gruesos, de barbas largas, que cambiaban entre ellos palabras de yedisch o de español antiguo.

Presenciaba los bailes de las chicas en las callejuelas negras al son de los organillos que tocaban los napolitanos, y los conciertos de los cantores ambulantes pintados de negro, que rasgueaban la guitarra y hacían payasadas.

En Londres es, indudablemente, fácil entrar en las casas.

La vigilancia grande que ejercen los policías en las calles, hace que la gente, confiada, no tenga tanto cuidado como en otros países con puertas y ventanas.

Una noche, un poco antes de la madrugada, estaba yo en mi cuarto; no tenía sueño. Me entretenía en leer mi Diario de Navegación, y cuando me cansaba contemplaba un mapa de Guinea. En esto, oí pasos de dos personas en la escalera. Unos pasos me parecieron fuertes, como de hombre; otros, más ligeros, de mujer.

No solía llegar nadie a la casa de huéspedes a estas horas. Hacía un tiempo de perros: lluvia, frío y viento. Se me figuró oir hablar en tono de riña en el descansillo de la escalera; pero no estaba muy seguro, porque el viento silbaba con fuerza, y su ruido no me permitía distinguir estos rumores.

De pronto oí que algo como un cuerpo caía pesadamente al otro lado de la puerta de mi cuarto. Cogí el quinqué de la mesa, abrí la puerta y me encontré con una mujer desmayada. Me pareció que, al mismo tiempo, se oyeron pasos en la escalera, hacia abajo, como de gente que huía. Tomé a la mujer en brazos, la tendí en el diván, le di un poco de café con ron, volvió en sí y miró con sorpresa mi cuarto. Tenía una mancha morada en la cara, cerca de un ojo, yo creo que de un golpe. Era una señora con el pelo blanco.

—¿En dónde estoy? —me preguntó en inglés.

—En mi casa —y luego añadí en español, sin darme cuenta—. La he oído que ha caído usted en el descansillo de la escalera y he salido a recogerla y la he traído aquí.

—¿Es usted español? —me preguntó en esta lengua.

—Sí.

—¿Qué hora es?

—Son las dos.

—¿Y el hombre que venía conmigo?

—Creo que ha vuelto a salir.

—¿Pero yo le conozco a usted? Usted es Embil.

—Sí; me choca que me conozca usted, porque no creo que conozco a nadie en Inglaterra.

—¿No sabe usted quién soy yo?

—No; la verdad.

—Soy Ana Warden.

—¿Usted es Ana? Es verdad; ahora la reconozco.

Ana Warden me contó su vida. Se había casado con un aristócrata inglés, jugador y borracho, y vivían en la mayor miseria y en perpetua riña. El cardenal que tenía Ana cerca del ojo era muestra del trato que le daba su marido.

Estaban, por entonces, en la misma casa donde yo vivía.

Ana preguntó lo que yo había hecho, si estaba casado; yo le conté la tonta aventura de mi matrimonio. Me preguntó si no había visto a Dolly y a Chimista; le dije que no. Chimista y Dolly

vivían parte del año en un castillo próximo a
Holsworthy, y parte en Exeter. Ella escribiría
a Dolly al día siguiente para que viniera a verme.

Ana y yo estuvimos hablando melancólicamen-
te hasta la madrugada, en que nos despedimos.
A los dos días se presentaron Chimista y Dolly, y
conocí a sus dos hijos; el mayor, un muchacho
con un aire muy distinguido; el menor, también
muy simpático.

Chimista me entregó una porción de títulos de
valores industriales que había comprado con mis
diez mil duros, que me darían una buena renta.

Chimista quiso que, a todo trance, fuera a su
castillo y a la casa que tenía en Exeter, y pasé algunos días; pero el castillo suyo estaba en repara-
ción.

El tiempo era muy malo, mi reumatismo aumen-
taba y me decidí a volver a España e ir a vivir
a Cádiz.

El verano solía marchar a Elguea y tomar un
cuarto en la fonda.

La visita a Inglaterra, el encuentro con Ana y
con Chimista me preocupó mucho, y me hizo no
sólo pensar, sino también soñar varias veces con
ellos.

Al quedarme en Cádiz estuve bastante tiempo
enfermo. Fue como la protesta de todas las iner-
cias contra el hombre que ha vivido siempre en
movimiento. Yo me lo esperaba; comprendía que
el primer descanso me había de ser difícil, si no
me era fatal; efectivamente, difícil y desagradable fue. Tuve fiebres muy largas y persistentes,

medio reumáticas medio palúdicas; soñé muchas
veces con Ana Warden, que se me acercaba y
me hablaba con un aire de compasión; al mismo
tiempo solía soñar con frecuencia que le veía a
Chimista paseando, vestido de rojo, con unos
cuernecitos y una cola, en el cementerio de Elguea. Chimista me confesaba con el mayor mis-
terio que era el diablo.

Después comencé esta vida triste del viejo, a
quien todos dan de lado: la muchacha le sirve
mal, el joven no le atiende, porque, aunque hable
discretamente, cree que no dice más que tonterías. No me agradaba reunirme con viejos y andaba solo; tampoco me gustaba ir a los cafés.
Vivía aburrido y desorbitado. Me decidí a leer libros de marina y a poner en limpio mi Diario de
Navegación. Pensaba intercalarle unos mapas bien
detallados, en parte, copiados; en parte, no.

Viajé un poco por España. Yo no sé nada de
cuestiones de arte. Me dijeron que había estilos,
pero no me explicaron lo que eran.

Vi algunas catedrales, palacios, acueductos, ca-
pillas, retablos y también estos patios de arquitec-
tura árabe, que me parecieron de yeso y pintados
y no se me figuraron muy sólidos. Un guía me
dijo que en las paredes de estos patios había le-
treros y sentencias en árabe, y cuando los contemplaba, pensaba que aquellos garabatos dirían,
poco más o menos: «¡Cuidado con la pintura!»
«No se permite hacer aguas mayores ni menores»
o «Se prohíbe jugar a la pelota, bajo la multa de
dos pesetas.»

Como se ve, no tenía ninguna condición de turista: era ya viejo para enterarme de nuevas cosas.

Viviendo en Cádiz, y ya repuesto de la fiebre, recibí un sobre grueso con una carta larga, afectuosa y burlona de Chimista, y otra de Dolly y de sus dos hijos. Además había varias fotografías: una, de un cuarto elegantísimo, reservado para el capitán Embil.

La otra fotografía era de un comedor suntuoso; en medio se veía a Dolly sentada; a su derecha, Chimista, y a su izquierda, un sitio vacío y una nota: «Sitio del capitán Embil.» Después estaban los dos hijos y varias personas, entre ellas Tricu y Commoro el negro.

La última fotografía era del castillo de los Temple, que yo recordaba mal, pero que era un verdadero palacio.

Chimista me decía que si iba, podía avisar o no avisar, era lo mismo. Si avisaba, debía escribir a sir Joseph Frederic Temple.

Le contesté dándoles las gracias y diciéndole que por entonces no me decidía a ir a Inglaterra: sentía frío hasta en el país vasco y necesitaba estar al sol.

EPILOGO

Cincuenta años después, el sobrino nieto del capitán Embil hablaba con Cincúnegui en el Guezurrechape de Lúzaro. Afirmaba, con relación a su tío abuelo, que se decía en Elguea que el viejo capitán amigo de Chimista había estado a punto de casarse con una solterona; pero que ésta tenía tal genio y era tan dominante, que le asustó al negrero, quien decidió marcharse a Cádiz; quizá fue una noticia que se inventó para embromarle.

Respecto a Chimista, corrió esta relación:

Uno de los marinos de Elguea más tontos y de más suerte fue don Blas de Aristondo. Don Blas salió la primera vez embarcado de piloto para Cuba, y de Cuba marchó a los Estados Unidos.

Al partir de La Habana compró un décimo de la Lotería española de Navidad, y al llegar a Nueva York se enteró de que le tocaron treinta mil duros. Decidió volverse a España inmediatamente y abandonar el mar. En el barco conoció a la hija de un marinero inglés, con alguna fortuna, se casó con ella y se quedó a vivir perezosamente en Elguea.

La mujer de Aristondo, doña Brígida, heredó varias veces, y una de ellas se trasladó con su marido a Inglaterra a cobrar su herencia. Esta herencia procedía de un tío, también marino, que vivía en una aldea, entre Barnstaple e Ilfracombe, en la costa Oeste de Inglaterra, en el condado de Devonshire.

Los Aristondos estuvieron en la aldea unos quince días, con el objeto de asistir a la lectura del testamento de su tío y cobrar la herencia que les correspondía.

La cobraron, y como tenían dinero y les habían elogiado la belleza de la costa de Cornualles, decidieron visitar algunos pueblos y marchar después a Plymouth y de este puerto volver a España. En Ilfracombe tomaron un cochecito y comenzaron el viaje. Mientras marchaban en el coche, veían aldeas, cementerios en el campo y muchas posadas que tenían una muestra pintada o un poste con un letrero. Don Blas le preguntaba a su mujer qué querían decir, y ella le traducía los nombres: El León Rojo, la Sirena, los Franc-Masones, el Dragón Verde, el Ancla Azul, el Gran Nelson, los Tres Marineros, etc.

Se detuvieron los Aristondos en Bideford, y de aquí siguieron a Clovelly.

Mientras marchaban de Bideford a Clovelly veían la isla de Lundy, en la que se distinguían una torre y algunas casas.

Clovelly es un pueblo de fama de pintoresco, al cual no se puede llegar en coche ni en ningún otro medio de locomoción terrestre. Al acercarse a Clovelly, Aristondo y su mujer echaron pie a tierra y se dispusieron a visitar el pueblo.

La calle principal de Clovelly comienza en lo alto de un acantilado y desciende formando escalones, el último de los cuales termina en una plataforma instalada a la orilla del mar.

La aldea no es más que eso: una calle en cuesta, con casas pequeñas, escaleras y un puertecito formado por un malecón.

Cuando el matrimonio Aristondo se dispuso a visitar el pueblo estaba la marea baja, había diez o doce lanchas sujetas con cadenas roñosas.

Entraron en una taberna pequeña, al lado del mar y que fue de un marinero que viajó con Drake. Este marinero, llamado Salvation Grace, había servido de personaje a una historia novelesca, escrita por Kingsley, del tiempo de la Armada Invencible. El tabernero descendiente de Salvation Grace mostró el cuarto donde Kingsley solía tener su tertulia. Don Blas de Aristondo, naturalmente, no había oído hablar de Kingsley ni aun de la Armada Invencible. A su mujer, doña Brígida, le pasaba lo mismo.

Los Aristondos quisieron comer allí; pero el tabernero, quizá reñido con el fondista, les dijo que lo mejor sería que fueran a Hartland-Quay. Pasaron por Hartland-Quay, que está en una parte de la costa, formada por rocas bajas, pizarrosas, como hojas de un libro, deshechas y desmoronadas por el mar.

Comieron, efectivamente, en Hartland-Quay. De aquí avanzaron por toda la costa, pasaron por Lynmouth y se detuvieron en Lynton.

Lynmouth y Lynton son dos pueblos próximos

y pequeños, a muy poca distancia; el uno está al lado del mar, y tiene una escollera con una torre, y el otro, sobre la altura.

Lynmouth posee una playa pequeña de arena negruzca, un malecón de mampostería que imita un puerto y una terraza de piedra. Los Aristondos se hospedaron en el hotel del Castillo de Lynton. Don Blas contó que, a pesar del decantado confort de Inglaterra, el hotel era muy malo y que hacía en los cuartos un frío espantoso. Por toda calefacción, decía él, había una Biblia y un libro de grabados titulado *Picturesque Europa British Islas*. También había una vista de Lynmouth, que tenía este letrero: *Fall of the West Lyn* (Linmouth).

Aristondo dijo que no pudo dormir de frío. Por la mañana le despertó la algarabía de las cornejas, que corrían por entre las ramas de los árboles llenas de nidos. Aquellos pájaros negros y de aspecto clerical no le agradaron a don Blas.

Por la tarde, los Aristondos fueron a la abadía de Lee, en el valle de las Rocas. Esta abadía se hallaba en un sitio muy romántico, al lado de unas peñas deshechas por el mar, en un promontorio lleno de arrecifes. El promontorio, formado por rocas pizarrosas, avanzaba, sombrío y negruzco, sobre las peñas llenas de espuma. Estaba la marea baja, y sólo aparecían al descubierto grandes piedras negras y planas como losas. De la vieja abadía no quedaban en pie más que algunos muros cubiertos de hiedra, y en el patio un gran pino grueso, probablemente más de una vez centenario. Próximo a la vieja abadía se levantaba un hotel moderno; pero, sin duda, estaba cerrado.

Hacia el lado de tierra se extendía una hondonada roja por el brezo y el helecho marchito. Esta
hondonada, al parecer, había sido antiguamente
un campo romano.

En la abadía, don Blas y su mujer se encontraron con un marino que habló con doña Brígida, la mujer de Aristondo. Este marino dijo
que cerca de allí, a poca distancia de Holsworthy,
vivía en un palacio un capitán de barco, español.
Este capitán, a juzgar por su fama, había hecho
grandes viajes y tenido extrañas aventuras. El
marino añadió que el capitán dueño del palacio
solía recibir a los pocos españoles que llegaban
allí muy amablemente.

El matrimonio Aristondo se decidió a visitar
al marino, y al día siguiente, en un coche, don
Blas y doña Brígida se presentaron en el castillo. Entraron por una avenida de olmos de media legua de larga, que cruzaba un parque y pasaba por los bordes de un lago, hasta la entrada
del palacio.

El castillo mostraba una mezcla de varios estilos: desde el gótico y el renacimiento hasta el
barroco y el actual. Los líquenes y las enredade-
ras ponían una pátina a todo el edificio y le daban
una entonación general y uniforme.

Los Aristondos entraron en el parque, grande,
extenso, con unos árboles altísimos y un césped
verde, según don Blas, demasiado húmedo, de
color de cardenillo. Alrededor de cada árbol había un círculo de grava y un banco.

El parque, indudablemente, era hermoso, pero
un tanto sombrío, a pesar de sus fuentes de mármol y sus cenadores pintados. Las tapias eran

altas; en parte, de ladrillo, y en parte, vallas de madera.

Les salió a recibir un mayordomo negro, que les hizo pasar a presencia de un anciano muy elegante y de gran tipo; era un señor de estatura mediana, con los ojos claros y el pelo muy blanco, vestido con gran pulcritud. En la casa había una señora anciana; otra, más joven, la mujer del caballero del pelo blanco, que tenía el aire muy sonriente; dos muchachos de aspecto distinguido y aristocrático, y unas muchachas, que llamaban tío al amo de la casa.

El anciano, señor elegante, invitó a Aristondo y a su mujer a comer con ellos y les enseñó su magnífica posesión.

Era un castillo antiguo, con parque, jardines, viejas habitaciones, llenas de muebles de otra época, y una capilla con vidrios de colores.

Este señor, según afirmó varias veces don Blas, sabía el vascuence y el castellano perfectamente. Decía que, a pesar de vivir en Inglaterra, se sentía más español que nunca, y añadió que mientras había navegado le llamaban en broma el capitán Bizargorri, porque tenía la barba roja.

El señor anciano, por lo que pudo observar Aristondo, se burlaba de todo. Quizá notó que don Blas no había descubierto la pólvora.

Dijo el señor anciano que para él no había nada comparable con navegar por mares lejanos y desconocidos, a la aventura, y hacer el contrabando y hasta la piratería.

Su mujer le atajaba cuando decía estas cosas, y el viejo, dándole una palmada en el hombro, murmuraba:

—Por esta pícara me he hecho yo un hombre sedentario.

Aquel señor había llevado al castillo tesoros, libros y curiosidades comprados en todas las partes del mundo.

En el salón principal se advertía un cuadro al óleo. Era de un capitán, presentándose a su tripulación en el puente de su navío después de haberlo salvado de un incendio. Los marineros le ovacionaban.

En el borde del cuadro se leía esta leyenda:

«El capitán del Meteoro presentándose ante la tripulación, después de haber salvado el barco de las llamas. El capitán es aclamado por los marineros a las voces de ¡Eclair! ¡Eclair! ¡Adelante! ¡Adelante! ¡Hurra!»

Madrid, enero 1930.

INDICE

Prólogo   7

PRIMERA PARTE

En La Habana 13
   I.—De almacenista 13
  II.—La leyenda de Chimista 19
 III.—Lo que contó el Tenebroso 25
 IV.—El sabio mágico 37
  V.—Complots 44

SEGUNDA PARTE

Chimista contra el doctor Mackra 49
   I.—El doctor Mackra y sus amigos 49
  II.—La cobra, en el cuarto 53
 III.—Amigos y enemigos 57
 IV.—A la boca del lobo 64
  V.—La finca del doctor 72
 VI.—La intentona 76

TERCERA PARTE

En el Pacífico   85
    I.—Los gambusinos en Panamá   85
   II.—En Tahití   90
  III.—Contrabandista   94
  IV.—Historias de Río Janeiro y temporales del Pacífico   97
    V.—Un armador fantástico 104
  VI.—Un alemán vasconizado 108
 VII.—Una fiesta aguada 113
VIII.—La vida en Lima 117
  IX.—Las mujeres, los soldados y los frailes 121
    X.—De diablos 124
  XI.—A bordo del Busca Vidas 128

CUARTA PARTE

En el Extremo Oriente 135
    I.—La Mariveles 135
   II.—Vuelta a Europa 140
  III.—Chimista y los frailes 143
  IV.—Embarrancamos 154
    V.—Costumbres marineras filipinas 157
  VI.—Por los archipiélagos 160
 VII.—Una finca en Davao 170

QUINTA PARTE

El mar de la China 173
    I.—Macao y las tancaleras 173
   II.—Conspiración de los indios 180
  III.—Cantón y sus barrios 185
  IV.—Cosas raras de los chinos 189
    V.—Una tertulia de Manila 193
  VI.—Observaciones de Chimista 199
 VII.—Un recuerdo de la guerra carlista 204

SEXTA PARTE

Historias de gambusinos y de piratas   213
    I.—Contratistas de «coolíes»   213
    II.—El Rapo-Rapo y las fiestas de Amoy   218
    III.—La vida del padre Martín   227
    IV.—Otra vez al Pacífico   231
    V.—La fiebre del oro   234
    VI.—Naufragadores   240
    VII.—El muñeco chino   244
    VIII.—La desaparición de John Baker   248
    IX.—Capitán, rapador   253

SEPTIMA PARTE

El tifón   257
    I.—Un barco malo   257
    II.—Situación desesperada   264
    III.—El día siguiente   270
    IV.—El proceso del naufragio   275
    V.—El final del doctor Mackra   282
    VI.—Despedida   287
    VII.—Encuentro raro en Londres   289

Epílogo   297

Caro Raggio: Editor